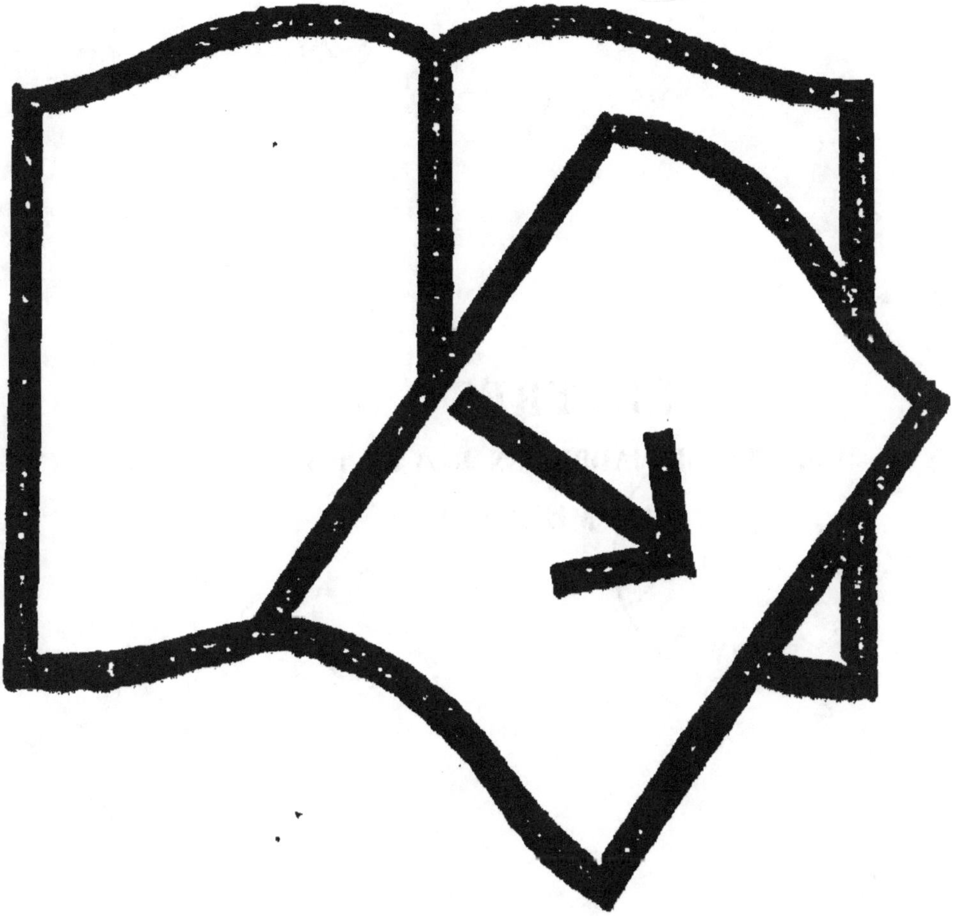

Couvertures supérieure et inférieure
manquantes

LETTRES

ÉCRITES DE MADRID EN 1666 ET 1667

Par MURET

Imprimé par les Éditeurs
BONNEDAME ET FILS, typographes à Epernay.

LETTRES

ÉCRITES DE MADRID EN 1666 ET 1667

Par MURET

ATTACHÉ A L'AMBASSADE DE GEORGES D'AUBUSSON, ARCHEVÊQUE D'EMBRUN

Publiées par M. A. MOREL-FATIO

ARCHIVISTE-PALÉOGRAPHE, EMPLOYÉ AU DÉPARTEMENT DES MANUSCRITS
DE LA BIBLIOTHÈQUE NATIONALE

Se trouve

A PARIS

Chez Alph. PICARD, Libraire, rue Bonaparte, 82

M. D. CCC. LXXIX

AVERTISSEMENT

L'auteur de ces lettres écrites à Madrid sous la régence de la reine Marie-Anne d'Autriche, veuve de Philippe IV et mère de Charles II, a eu son moment de notoriété. Prédicateur et panégyriste habile, il a su se faire remarquer à une époque où les grands talents n'étaient pas rares et où le public pouvait se montrer difficile ; aussi a-t-il réussi à ne pas mourir tout-à-fait : sa mémoire vit encore dans le tiers ou le quart de colonne que nos principaux recueils biographiques ont consacré à ses ouvrages et à quelques épisodes de sa vie. Ici nous n'entreprendrons pas de refaire une biographie détaillée de ce personnage, car ce qui, dans ces lettres que nous présentons au public, nous a paru digne d'intérêt, ce n'est pas le côté personnel qu'on y trouve marqué de temps à autre, mais bien l'observation intelligente et la description exacte de faits historiques et de traits de mœurs qui ne touchent en rien à la vie ou au caractère du narrateur. Il suffira donc de rapporter les renseignements que d'autres avant nous ont pris la peine de réunir. La notice la plus importante qui ait été consacrée à Muret se trouve dans le *Dictionnaire de la Provence et du Comté-Venaissain, dédié à Monseigneur le Maréchal Prince de Beauvau par une Société de Gens de Lettres* (1).

La voici :

« Muret (—), né à Cannes au Diocèse de Grasse, fut doué d'un génie vif et brillant qui le fit rechercher des grands et des gens de lettres. De son côté il ne négligea rien pour cultiver leur estime. Agréable dans la conversation, il savoit y mêler ce badinage léger qui plait et qui amuse. Il étoit entré fort jeune (2) dans la Congrégation de l'Oratoire, mais il en sortit bientôt pour se rendre à Paris.

Il y fit ses études de Théologie, y reçut la Prêtrise et se fit bientôt connoître par ses Sermons. Muret avoit des talens : d'ailleurs avec les protections des seigneurs à qui il faisoit sa cour assidûment, il ne pouvoit manquer de parvenir à une certaine célébrité.

L'Archevêque d'Embrun, qui étoit M. George de la Feuillade, l'honoroit d'une confiance particulière; il l'admit dans tous ses secrets, il lui donna le premier emploi dans les deux Ambassades dont il fut chargé auprès de la République de Venise (3) et de la Cour

---

(1) *Tome III. Contenant la première partie de l'histoire des hommes illustres de la Provence*, Marseille 1786, in-4°, p. 518.

(2) Inexact, comme on le verra plus bas.

(3) Je doute que Muret ait accompagné à Venise l'archevêque d'Embrun, qui s'y rendit en 1659, car dans la dédicace de son *Traité des Festins* à François d'Aubusson de la Feuillade, frère de l'archevêque (ouvrage achevé d'imprimer pour la première fois le 20 janvier 1682), notre auteur dit : « Vous ne devez pas seulement recevoir le livre que je prens la liberté de vous présenter comme un entretien agréable... ny comme une marque de respect que je dois à vostre illustre maison, *depuis plus de quinze ans* que j'ay l'honneur de luy appartenir », etc., d'où il appert que Muret n'entra au service de l'archevêque d'Embrun qu'en 1666, en se rendant à Madrid.

d'Espagne. Muret contribua beaucoup au succès de cet ambassadeur.

Il s'attacha ensuite au Maréchal Duc de Vivonne, qui le nomma son aumônier et qui lui accorda les marques les plus sensibles de son estime. Sa conformité de caractère attacha Muret au Maréchal. L'un et l'autre étoit enjoué, badin et fertile en réparties. Les premiers seigneurs du Royaume tâchèrent en vain d'attirer Muret auprès d'eux. Il ne se sépara de M. de Vivonne qu'à sa mort, à laquelle il versa des pleurs sur son Mécène et jeta des fleurs sur son tombeau.

Il fit un séjour de quelques années à Marseille et il y prêcha un Carême avec une si grande affluence, que l'Église étoit remplie dès le point du jour. Ce fut alors qu'il prononça le Panégyrique de Louis XIV, à l'occasion de la fête qui fut donnée par les officiers des Galères pour la convalescence de ce Roi : c'étoit en 1687. Il mourut vers la fin du siècle dernier.

On a de lui : 1° *Cérémonies funèbres de toutes les nations*, Paris, petit in-12, 1675. Il est parlé de cet ouvrage dans le *Journal des Savans :* 26 Juillet, même année. 2° *Explication morale de l'Épitre de saint Paul aux Romains*, Paris 1677, in-8. 3° *Traité des Festins*, Paris 1682, in-12. 4° *Panegyrique du Roi*, 1687. 5° *Oraison funèbre de M. le Maréchal de Vivonne*, Marseille, Brebion 1788 (*sic* pour 1688), in-4°. »

A cette notice, reproduite en abrégé dans les biographies de Michaud et de Didot, nous pouvons encore ajouter les renseignements fournis par le P. Adry dans son histoire littéraire de l'Oratoire (1). L'article que cet

____

(1) *Bibliothèque des écrivains de l'Oratoire ou Histoire littéraire de cette congrégation, ou l'on trouve la vie et les ouvrages tant imprimés que manuscrits des auteurs qu'elle a produits depuis son origine en 1613 jusqu'à présent (1790). Par M. Adry, de l'Oratoire.* Bibl. Nat. M^t. Fonds fr. 25681-86. La notice sur Muret se trouve dans le tome IV, ms. 25681, f. 98.

oratorien a consacré à Muret se compose de quatre parties. Nous n'avons pas à nous occuper des deux dernières qui ne sont que la reproduction textuelle de la notice du *Dictionnaire de la Provence* et de quelques lignes sans importance de Moréri ; les deux premières, au contraire, contiennent des faits nouveaux et précis, dont on doit tenir grand compte, bien que le P. Adry ait négligé d'en indiquer la source. Nous les transcrivons ici :

« Muret (Jean) (1) de Cannes, diocèse de Grasse, a donné : 1° les cérémonies funèbres de toutes les nations ; 2° l'Oraison funèbre de M. de Vivonne (Louis-Victor de Rochechouart, duc de Mortemart et de Vivonne, Maréchal de France, mort en 1688), Marseille, Brebion 1688, in-4° (1788 par erreur) (2).

(Jean Muret, natif de Cannes, diocèse de Grasse, âgé de plus de 45 ans, fils de Gaspar Muret, marchand, et de Louise Virgile, reçu (3) le 1er février 1684. Il est prestre, il a étudié la philosophie et les humanités à Draguignan et la théologie à Marseille ; il a prêché plusieurs avents et carêmes dans les diocèses de Paris, de Chartres, de Sens et de Beauvais) ».

Il nous reste à dire quelques mots du séjour de Muret en Espagne et de sa correspondance. L'archevêque d'Embrun, qu'il rejoignit à Madrid en 1666, résidait à la

---

(1) On lit dans la *Biographie universelle* de Michaud : « Muret (P) », et en note : « C'est par erreur que quelques biographes lui donnent le prénom de Jean. » La *Nouvelle Biographie générale* de Didot traduit ce P par *Pierre* sans rien observer. Comme ni Adry ni Michaud n'apporte la preuve de ce qu'il avance et que, d'autre part, le prénom de Muret n'apparaît pas dans les signatures de ses lettres, nous avons pris le parti d'écrire ici Muret tout court, laissant à d'autres le soin de résoudre la difficulté.

(2) Cette note vise la faute d'impression du *Dictionnaire de la Provence* ; voy. plus haut.

(3) A l'Oratoire.

cour du Roi catholique, en qualité d'ambassadeur extraordinaire, depuis cinq ans : il arriva à Madrid le 1er août 1661 (1). Chargé par Louis XIV des négociations relatives au payement de la dot de Marie-Thérèse et plus tard de l'affaire du droit de dévolution, George d'Aubusson s'acquitta de sa difficile mission avec autant de sagacité que de prudence; il défendit les intérêts de son maître avec la plus grande fermeté et tint tête aux ministres espagnols jusqu'à la dernière minute. Mais l'entrée de l'armée française dans les Pays-Bas au printemps de 1667, qui rompait toute relation diplomatique entre les cours Catholique et Très-Chrétienne, mit fin à son ambassade. L'archevêque quitta Madrid en grande pompe le 6 août 1667 (2).

Tout porte à croire que Muret resta auprès de son maître jusqu'à ce moment-là; son séjour en Espagne dura donc une année environ, et il sut mettre à profit ce temps relativement court pour étudier les côtés originaux de cette société espagnole si différente de celle qu'il venait de quitter. Son examen, cela va de soi, ne s'étend pas au delà d'un certain cercle de faits et d'idées et ne dépasse guère la surface des choses. Bien loin de chercher à découvrir la raison intime des singularités qui le frappent, Muret s'en tient tout simplement à décrire ses impressions, à juger et à condamner souvent la civilisation espagnole au point de vue assez étroit de son éducation et de son milieu. Si le procédé manque de philosophie, on ne lui refusera pas du moins une certaine valeur historique. Le témoignage oculaire d'un homme instruit et sérieux, qui sait observer et dont l'imagination ne fausse pas le jugement, est toujours

(1) Voy. Mignet, *Négociations relatives à la succession d'Espagne sous Louis XIV*, t. I, p. 72.
(2) Mignet, *l. c.*, t. II, p. 201.

utile à consulter, quels que soient d'ailleurs ses préjugés et ses passions. On a bien vite fait de pénétrer les côtés faibles du critique, ses tendances à l'exagération ou au dénigrement, et il n'est généralement pas très difficile de replacer les faits dans leur vrai jour. Le tableau que Muret nous présente de la vie espagnole dans la seconde moitié du xviie siècle n'est pas flatté, mais il est en général exact, et tout ce que nous possédons de relations et de mémoires de cette époque vient confirmer le dire de notre diplomate. En un mot le narrateur mérite toute confiance tant qu'il se borne à raconter ce qu'il a vu, mais ses appréciations ne doivent pas être acceptées sans réserves ; car pour juger de telles choses il faut en avoir une connaissance plus approfondie, il faut étudier la constitution physique et morale des hommes, l'histoire des institutions et de la vie nationale à travers les siècles. Tout cela n'est pas le fait d'un étranger, de passage dans un pays, et retenu par les fonctions qu'il exerce dans un milieu qui ne représente qu'un côté restreint de l'état social d'une nation. Mais si l'on n'est pas tenu de prendre pour des axiomes toutes les réflexions de l'écrivain à demi familiarisé avec une société qui ne lui est évidemment pas très sympathique, le récit des faits conserve toute sa valeur : aussi doit-on regretter que Muret n'ait pas étendu son cadre et étudié plus méthodiquement l'état politique, intellectuel et moral de l'Espagne au début du règne de Charles II, au lieu de se borner à de simples impressions de voyage.

Les sept lettres qu'on va lire ont été recueillies par le médecin Vallant et données par lui avec toute sa collection de manuscrits à l'abbaye de St-Germain-des-Prés, à la fin du XVIIe siècle (1); elles sont aujourd'hui

_____

(1) Voy. L. Delisle, *Le Cabinet des manuscrits de la Bibliothèque nationale*, t. II, p. 45.

conservées à la Bibliothèque nationale dans un des *Portefeuilles* de ce zélé collectionneur (1). Ces lettres, autographes, sont toutes dépourvues d'adresses, mais il ressort de leur contexte qu'elles ont été écrites à Michel de Marillac, deuxième du nom, seigneur d'Ollainville, conseiller au Parlement le 6 mars 1637, maître des requêtes le 10 avril 1643, conseiller d'État ordinaire le 6 avril 1660, puis conseiller d'honneur au Parlement de Paris, mort le 29 novembre 1684 (2).

En publiant cette correspondance nous en avons scrupuleusement conservé l'orthographe ; la ponctuation seule a été remaniée. Dans nos notes nous nous sommes attaché à compléter ou à rectifier les renseignements fournis par Muret sur diverses *choses d'Espagne*, mais non pas à discuter ses appréciations, dont il garde seul la responsabilité.

(1) Fonds français nº 17046, ff. 185 à 197.
(2) Voir La Chesnaye-Desbois, *Dict. de la noblesse*, t. IX, p. 546.

LETTRES

ÉCRITES DE MADRID EN 1666 ET 1667

Par MURET

Attaché à l'ambassade de George d'Aubusson, archevêque d'Embrun.

I

De Madrid.

Monsieur,

Je crois que vous agreerez, pour reconnoissance des obligations que je vous ay, un petit recit de toutes les choses qui me sont arrivées dans mon voyage. Vous avez touiours eu tant de bonté pour moy que j'ay creu etre obligé de vous en faire part, et j'entreprendray d'autant plus volontiers de vous faire lire une longue lettre qu'elle vous pourra servir dans sa longueur de recreation. Pour donc commencer, vous sçaurez, Monsieur, que je croyois etre obligé dez les deus premieres journées de m'en retourner à Paris. L'allure du messager est si incommode et on m'avoit donné une si mauvaise selle, quoyque j'eusse le meilleur cheval de la troupe, qu'à Orleans je ne pouvois plus demurer assis; neantmoins ayant la acheté un cuissin et m'etant trouvé soulagé jusqu'à Blois, j'eus assez de courage pour achever ma course. J'y ay veu quelques curiositez, mais comme ce sont de villes des plus fameuses et des plus frequentées de la France, je n'ozerois vous instruire des choses que vous sçavez mieus que moy. A Blaye, ayant quitté mon messager, je pris la commodité du montant et je n'arrivay a Bourdeaus qu'à onze heures du soir. Je trouvay toutes les portes de la ville fermées et point de giste du costé de la riviere, de sorte qu'il me fallust eveiller tout le quartier à force de crier, et enfin mon importunité fust si grande que le portier vint m'ouvrir. Je le rendis assez civil pour une piece de trente sous de m'acompagner à une fort bonne hostelerie, que je ne reconnus que le landemain matin par la bonne chere que j'y fis, car pour lors la nuit etoit si obscure qu'à peine peus je trouver mon lit à la faveur de la chandele.

Je croyois, Monsieur, apres avoir eté si bien traité au Chapeau Rouge, que toutes mes peines etoint passées, mais je fus bien surpris le landemain en sortant du terroir de cette grande ville : je commençay à rencontrer les Landes, qui ne durent pas moius de trente six lieues, c'est à dire soixante de France. J'ay eté obligé d'etre quatre jours entiers par ce maudit chemin, ou il semble que le ciel n'ayt jamais versé une seule goute de ses benedictions; car enfin il faut vous figurer que vous ne trouvez dans un si grand espace ni ville ni village, une terre inculte, tantost broussaille, tantost sable, tantost bois de pins, une chaleur insuportable, et pour empecher le monde de mourir, on a eu la charité de bastir de deus en deus lieües une ou deus cabanes, ou vous trouvez de fort mechant vin, du pain fort noir, de l'eau fort puante, et de lits qui ne sont composez que d'une paillasse. Pour de la viande vous n'en sçauriez trouver: on peut seulement vous y faire quelque fricassée de poulets, mais, au lieu du burre, ils se servent d'une graisse si vilaine et d'un si mauvais goust qu'elle me faisoit soulever le coeur. Mon conducteur, qui etoit basque et qui ne sçavoit pas un mot de françois ni de gascon, me voyant si surpris de ces sortes de gistes, me parloit en sa langue, et moy en la mienne, sans pouvoir nous entendre ni l'un ni l'autre, de sorte que comme je fus reduit à ne pouvoir m'expliquer avec luy que par signe, je luy en faisois des plus plaisants, et luy encore de plus ridicules : en un mot, c'eut eté une fort agreable comedie à toute autre personne qui n'auroit pas souffert autant que je souffrois. Pour l'ordinaire on passe ce chemin en poste et on le fait dans un jour, tant on a peur de s'y arrester. On me disoit que j'etois le seul qu'on avoit veu depuis six mois prendre pour ce voyage de cheveaus à journée; mais, comme je vous ay dit, le cheval du messager m'avoit mis en etat de ne pouvoir point courir.

Enfin j'arrivay à Bayonne, ou je commençay à rapeler mes esprits. La ville, qui est tout à fait riante, belle et forte, la mer, que je n'avois point veüe depuis dix ans, les personnes considerables à qui j'etois recommendé et la belle compagnie que je trouvay dans la Croix Blanche ou je fus descendre ; toutes ces choses, avec la bonne chere, me firent oublier pour un temps les peines que je venois de souffrir. D'icy je fus à S. Jean de Luz ou je n'etois pas moins recommandé qu'à Bayonne, mais non seulement j'eus peine à trouver mes adresses, j'en eus encore davantage à trouver une hostelerie. Il n'i en a que deus dans cette ville, qui n'ont nulle enseigne. Pour moy, qui ne sçavois point cella et qui m'etois avancé de plus de demi lieüe au devant du garçon qui me conduisoit, je ne peus faire autre chose, aprez avoir bien rodé et regardé de part et d'autre, que de demander ou l'on pouvoit loger ; mais comme l'on ne m'entendoit point et que je n'entendois point non plus le basque, je fus contraint de m'en retourner à l'entrée du lieu et d'attendre mon conducteur, qui me mena loger chez un des principaus de la ville. La m'etant mis à la fenetre pour considerer ce quay qui est asseurement fort beau, je vis deus choses qui sont remarquables : la premiere une procession, ou il n'i avoit que le curé revestu d'un surplis, tous les autres pretres au nombre de

douze, qui le precedoint, avoint leurs manteaus
longs et leurs chapeaus sur la teste. Aprez cella
venoit une foule de femmes avec leurs cotes
retroussées sur la teste. Cette momerie me fist
regarder le ciel pour voir s'il y avoit aprehension
de pluye, mais, l'ayant trouvé fort serain, je ne
peus m'empecher de rire. Mon hoste, qui survint
la dessus, m'ayant demandé d'ou venoit un si grand
eclat, dont j'avois peine encore à me tenir, et luy
en ayant dit le suiet, fust autant surpris de ma
risée que je l'avois eté de cet aiustement, et me
dit d'un ton fort serieus que ni femme, ni fille
n'ozeroit sortir du logis d'une autre maniere. Je
vous laisse à penser si Moliere peut faire une
figure sur le theatre plus ridicule que ces femmes
tenant des deus mains leurs cotes retroussées
tout a l'entour du visage, en sorte qu'à peine peut
on voir le bout du nez; au contraire, aus pauvres,
qui n'ont pas bien des habits et qui sont obligées
de mettre le meilleur sur leur teste, j'ozerois vous
dire, Monsieur, qu'on leur voit presque le derriere.

Je quitay cette ville le landemain, et ayant
passé par l'isle de la Conference, je fus descendre
à Hiron (1), qui est a l'autre bord de la riviere, à
la veüe de Fontarabie. Quoyque le passage ne soit
pas fort large, il ne laisse pas de causer une diffe-
rence entiere entre ces deus peuples. D'un costé

(1) Irun.

ils sont habillez à la françoise et de l'autre à l'espagnole, et quoyqu'Andaye et Hiron se puissent batre
à coup de pierres, leur humeur neantmoins est
autant differente que s'ils etoient eloignez de
cinquante lieües. Les femmes et les filles y sont
debraillées sans exageration jusqu'au milieu du
corps ; elles ne portent ni mouchoir ni point d'autre
linge sur leur cou, de sorte qu'on leur voit toutes
les epaules et tout le sein. Elles ne portent rien non
plus sur la teste, mais se contentent de faire
diverses traines de leurs cheveus, qu'elles laissent
ensuite pendre confusement. Je ne m'arrestay
point à considerer bien d'autres choses nouvelles
aus François et qui ne me choquoient pas moins
que cette indecence. Comme il se faisoit tard, je
montay sur un parfaitement bon cheval du païs,
qui vont viste comme le vent, et bien qu'il
me fallust continuellement descendre et monter
jusqu'à S. Sebastien, cette beste n'en quitta
jamais le pas et me porta le plus agreablement
du monde. L'espagnol, qui me conduisoit, couroit
touiours devant en faisant mille gambades pour
le roy de France. En arrivant à S. Sebastien
je trouvay toutes les personnes de qualité assises
à la porte dela ville : c'est la coustume du païs,
ils sont la à considerer les passans. J'y seiournay
trois jours, pendant lesquels je vids le port, toutes
les religions et le chasteau, qui est si furieusement
elevé, qu'en montant je vis l'ayguille du clocher
des Jacobins, quoyqu'elle soit tres haute, autant

au dessous de mes pieds que les tours de Notre
Dame le sont du parvis (1). La je fus encore traité
à la françoise, mais en y prenant des mules pour
le reste de mon voyage ce me fust un augure de
l'incommodité du chemin et de la misere des
gistes par ou je devois passer. La premiere journée
je ne fis que quatre lieües.

Je vins coucher à Tolosete (2), petite ville assez
agreable, ou je commençay la penitence de mon
pelerinage. A souper on nous presenta d'abord un
petit gobelet de fayence, plein de boüillon, dans
une assiete. Pour moy qui croyois qu'on me
portoit à boire, je le portay aussi tost à la bouche,
mais la chaleur que je sentis plutost que le goust
me le fist quitter bien viste à la grande risée de
notre compagnie. Je leur protestay d'abord que je
ne voulois plus de leurs defferences et je chargeay
notre conducteur de faire à l'avenir plutost servir
les autres que moy. Depuis je regardois comme ils
faisoient pour me regler sur eus; et leur voyant
fort gravement couper de petites tranches de
pain pour mettre dans leur goubelet, j'en fis tout
de meme, et je m'etois desia mis en etat de
manger comme les autres, lorsque je sentis toute
ma bouche en feu à la première cullierée. Je

(1) Il faudrait : « autant au-dessous de mes pieds que les tours
de Notre-Dame sont *au-dessus* du parvis. »

(2) « *Tolosa* ou *Tolosetta* (comme d'autres l'appellent pour la
distinguer de *Tolouse* en France) ». Alvarez de Colmenar, *Les
délices de l'Espagne et du Portugal*, Leide, 1707, t. 1, p. 86.
Cette forme diminutive n'est plus usitée aujourd'hui.

remarquay depuis dans les autres endroits qu'on jette dans le pot, lorsqu'on est sur le point de servir, une grande poignée de poivre. Comme on vit que je ne mangeois point, on alla chercher le second service : c'etoit une assiete plaine des herbes du pot qu'on mange aprez le potage avec de l'huile et du vinaigre. Aprez ce service en vint un troisieme, ou il y avoit un mourceau de salé et un autre de chevre boüilli. Je demanday qu'on apportast aussi le rosti afin de pouvoir manger quelque chose, mais comme je les vids surpris de vouloir faire si grand chere, je pris tout doucement un mourceau de cette chevre, que je fus une demi heure à macher. Pour le vin, comme ils le portent d'assez loin dans de boucs, outre qu'il est echaufé, la poix dont les boucs sont enduits luy donne un goust fort desagreable. Le pain n'est pas meilleur : ce sont proprement de gasteaus demi cuits, qui vous font un poids dans l'estomac comme si l'on avoit avalé du fer. Enfin, ayant demandé le lit, je trouvay en me couchant quantité de chamarrure de soye sur le linge. Cella me paroissoit assez beau, mais vous auriez ri de me voir en chemise, cherchant les draps. Aprez avoir tourné d'un costé et d'autre, je m'aperçus qu'ils etoient au milieu du lit entre deus matelats, dont celluy de dessus servoit de couverture, Voyla à peu prez une image de la chere que j'ay fait pendant toute la route, si je n'en excepte trois ou quatre bonnes rencontres que j'eus de quelques paysans qui portoient du gibier : de l'un j'achetay trois douzaines de cailles, de l'autre une paire de lapins et de l'autre un levreau. Pour le coucher, c'est une douceur que ce que je viens de vous dire, car je vous proteste que pour l'ordinaire nous ne trouvions que de paillasses, de draps pleins de vermine et de vilaines chambres toutes puentes. Ils ne laissent pas de vous le faire bien payer, car vous payez touiours le lit à part et vous en donnez sept sous, qu'ils appellent un *réal* d'argent. Cella vient de ce que les hostelleries payent de grands impots et qu'il n'est pas permis à tout le monde d'en tenir. Ordinairement vous n'en trouvez qu'une ou deus dans chaque lieu et vous remarquerez qu'on ne vous y fournist que le lit et les ustensilles, de sorte qu'il vous faut aller chercher vous meme la viande, le pain, le vin et meme le sel. Par bonheur j'avois un muletier fort intelligent qui me delivroit de cette peine, car c'etoit le meme qui mena Monsieur de Bellefons (1) pour la deputation des condolences, et il m'a protesté mille fois que M. de Montbrison (2) et toute sa suite n'avoient pas mieus esté couchez que moy.

(1) Bernardin Gigault, marquis de Bellefonds, fut envoyé en Espagne avec deux autres gentilshommes pour complimenter le roi Charles II, à l'occasion de la mort de Philippe IV, son père. Cette ambassade extraordinaire arriva à Madrid le 5 novembre 1665. Voir le P. Anselme, *Histoire généalogique de la maison de France*, t. VII, p. 591, et Mignet, *Négociations relatives à la succession d'Espagne*, t. I, p, 403.

(2) Probablement Gabriel de Guenegaud, comte de Montbrison,

Mais laissons la vie, que vous voyez avoir eté fort penitente, et ne parlons que du chemin. Dans la province de Guipuscoa et dans la Biscaye j'ai touiours marché entre les montagnes, mais le païs ne laissoit pas d'etre fort agreable; car ces montagnes sont la plupart couvertes de pomiers, dont on fait quantité de cidre, et le reste du terroir est menagé pour le grain d'Inde (1), pour le millet ou pour le jardinage, car pour du froment on n'en voit point. L'on marche aussi le long de petits ruisseaux, qui forment naturellement mille casquades, pour le bruit et pour les napes du moins aussi agreables que celles qui coustent de sommes immenses dans les belles maisons de Paris, et l'eau coule sur une espece de marbre de couleur d'ardoise avec mille petites veines de blanc et de jaune. J'ay esté trois jours par un pareil chemin, au bout duquel il me fallust grimper une montagne qui n'a que trois lieües de France. On l'appelle le port S. Andrian (2). Quand nous fumez au sommet, nous entramez dans une caverne longue comme de chez vous aux Celestins (3), par ou il faut necessairement passer dans une obscurité tres

mort le 9 décembre 1668 d'une blessure reçue devant Candie. De la Chesnaye-Desbois, *Dict. de la noblesse*, t. VII, p. 507.

(1) Du maïs.

(2) Comparez la description du *port* S. Adrien dans Alvarez de Colmenar. *liv. cit.*, p. 89 et suiv., où l'on trouve aussi une gravure de ce passage souterrain.

(3) Le couvent des Célestins, situé sur le quai de ce nom, près de l'Arsenal, à Paris.

grande. Je vous asseure, Monsieur, que je n'avois
rien veu de si affreus. Nous avions veu en montant
les nuées au dessous de nous, mais nous les trou-
vames plus hautes de l'autre costé en descendant,
car elles fondirent sur nous avec une pluye si
abondante que nous croyons nous perdre. Nos
mules en avoient à demi jambe, et elle dura pendant les trois lieües de la descente. Depuis nous
trouvamez quelque plaine dans Castille la Vielle
et dans la nouvelle; nous y beumez le vin d'Espagne dans sa pureté et nous vimes deus ou trois
belles villes, Vitoria, Briviesca et Burgos.

Je vous diray de cette derniere, qu'outre le
crucifix (1) miraculeus qui attire tous les jours
une foule de peuple de toute l'Espagne, il y a
un magnifique chasteau restabli par la reyne
deffunte (2), fille de France, et une plus magnifique église : veritablement le vaisseau de Notre
Dame à Paris est plus vaste, mais celle-cy
l'emporte de beaucoup pour la beauté. Imaginez
vous tout ce que l'art peut faire de delicat, tout
cella se trouve au dehors et au dedans de cette
eglise. La ciselure du Louvre peut vous en fournir
une idée. Je ne vous parle point ici de douze
grandes chapelles qui sont tout à l'entour et dont

(1) Le célèbre crucifix du couvent des Augustins. Voy. entre
autres descriptions celle que donne Mᵐᵉ d'Aulnoy, *Relation du
voyage d'Espagne*, éd. de Mᵐᵉ B. Carey, Paris 1871, p. 102.
(2) Elisabeth de Bourbon, fille d'Henri IV et de Marie de Médicis,
première femme de Philippe IV, morte le 6 octobre 1611.

la moindre est plus grande que l'Ave Maria (1). Je
ne vous parle point non plus d'un grand cloitre
qui est à costé, ou sont enterrez tous les arche-
veques, mais pour le chœur il faut que je vous le
doctrine en peu de mots. Le dedans est fait du
plus beau bois et de la plus belle architecture avec
quantité de figures et mille autres eniolivemens
que je ne sçaurois exprimer; les chaires des
chanoines sont elevées plus que de la hauteur d'un
homme sans aucun passage, en sorte que personne
n'y peut entrer. Le derriere tout à l'entour est
fait de marbre blanc et de jaspe. Vous n'i voyez
que portes et que tableaus, tout cella diversifié
par une infinité de colomnes. Ces portes servent
d'entrée aus chanoines, chacun ayant la sienne. Il
faut que vous remarquies icy que le chœur n'est
pas joint au maitre autel, mais qu'il est au milieu
de la nef et qu'il est separé de l'autel par la croix
du milieu, de sorte qu'il y a deux façades : celle du
costé de la porte est de la meme fabrique que le
dehors que je viens de vous decrire, si ce n'est
que les colomnes y sont bien plus elevées; celle
du costé de l'autel est d'une belle balustrade de
fer du mieus travaillé et tout doré.

Ma lettre, qui ne peut plus durer faute de papier,
ne peut point vous apprendre ni les ornemens ni
les autres richesses qui sont asseurement plus
magnifiques qu'en France; mais j'oubliois à vous

(1) S'agit-il du couvent de ce nom à Paris?

dire un des plus beaus ornemens du chœur, qui sont deus jeus d'orgues, un de chaque costé, fort grands et fort beaus; vous diriez que les tuyaux sont d'argent et la machine qui les enferme d'or. Vous voyez bien qu'il faut que je finisse, quoyque je ne vous aye pas dit la vintiesme partie de ce qu'il me reste et que vous serez bien aize d'aprendre. Mais·aus autres fois nous acheverons peu à peu, s'il plaist à Dieu.

Je suis arrivé, Dieu mercy, en fort bonne santé. J'ai esté fort bien reçeu de Son Excellence (1) et j'espere que les choses iront touiours de bien en mieus. Il m'a ordonné de l'entretenir de l'histoire romaine et de celle de France.

Je vous suplie de vous souvenir de la grace que je vous ay demandée et de me moyenner quelque advent ou caresme dans les meilleures parroisses : cella ne vous sera pas impossible par le moyen de vos amis. Je fais la meme priere à Madame (2), que je salue le plus respectueusement qu'il m'est possible, aussi bien que Monsieur (3), Madame (4), Messieurs les abbez (5), et Mademoi-

(1) L'archevêque d'Embrun.
(2) Jeanne Potier, femme de Michel de Marillac.
(3) René de Marillac, IIe du nom, seigneur de la Ferté-sur-Terron, d'Ollainville, d'Attichy, conseiller au Parlement le 1er avril 1661, avocat général au Grand-Conseil en 1663, etc., fils aîné de Michel de Marillac.
(4) La femme de René de Marillac, Marie Bochart.
(5) André de Marillac, doyen de Saint-Emilion, et Louis de Marillac, docteur de Sorbonne, prieur de Langey, tous deux fils de Michel de Marillac.

selle (1), vous supliant de croire que je suis avec
autant de zelle et de respec qu'il est possible,

      Monsieur,

           votre tres humble et tres
              obeissant serviteur

              Muret.

Si vous m'honnorez de vos lettres, envoyez
les, s'il vous plaist, à la rue Beautreillis, à votre
voisinage, chez Madame la Marquise de Fontaine
à M. d'Arberats.

(1) Marie-Gabrielle, carmélite, ou Madeleine-Thérèse-Euphrasie
de Marillac, l'une et l'autre filles de Michel de Marillac.

II

De Madrid, ce 5 octobre 1688.

Monsieur,

Je crois que vous serez bien aise d'aprendre le reste des choses que je ne peus pas vous achever dans ma derniere lettre. Pour donc proffiter du papier, vous sçaurez que les Cordeliers, lesquels en France ne sont pas en la meilleure reputation du monde, passent icy pour de saints canonisez dez cette vie. On ne les voit pas plutost paroitre dans les rues qu'une foule de femmes courent aprez, et les unes leur baisent la manche, les autres la robe, les autres le cordon, et vous voyez la ces venerables qui s'arrestent tout court pour recevoir ces honneurs que nous ne rendons qu'aus reliques. Depuis peu ils ont eu un advantage sur les Dominicains qu'on n'a jamais voulu qien croire en France, à cause que les Jansenistes atribuoient cette violence aus peres de la Compagnie (1), et qui

(1) Dans la grande dispute de l'Immaculée Conception les Jésuites, on le sait, se rangèrent du côté des Franciscains, dès

est pourtant tres veritable. Vous sçavez, Monsieur, que le dernier concile (1) ayant meurement pezé les raisons que les uns et les autres apportoient sur le suiet de la conception de la S. Vierge, les trouva si egalement fortes qu'il ne voulut rien determiner, laissant aus Jacobins la liberté den-seigner le contraire dans leurs écoles et de parler en general des loüanges de la mere de Dieu, le jour de la feste; mais ces moynes gris se prevalant de la devotion que le peuple d'Espagne porte à leur habit, leurs ont tellement inprimé le respec que nous devons à ce mistere et leur ont au meme temps si fort exageré le silence des autres, qu'in-sensiblement on les a regardé comme des impies, jusques la qu'on faisoit par tout conscience de leur vendre ni habits ni les autres choses neces-saires à la vie, et quoyque les Jacobins ayent eu jusques à present l'inquisition, ce qui les rend tres puissans, et qu'un des leurs fust conffesseur du roy, l'authorité royale n'a pas esté suffisente pour empecher ce desordre public : il a fallu que le roy se soit erigé par dessus le concile et que par

la fin du xvie siècle; voy. E. Preuss, *Die roemische Lehre von der unbefleckten Empfaengniss,* Berlin 1865, p. 79.

(1) Le décret du concile de Trente est ainsi conçu : « Declarat tamen haec ipsa s. synodus non esse suae intentionis compre-hendere in hoc decreto, ubi de peccato originali ag.tur, beatam et immaculatam virginem Mariam, Dei genitricem; sed obser-vandas esse constitutiones felicis recordationis Xysti papae IV sub poenis in eius constitutionibus contentis, quas innovat » Apud Preuss, *l. c.,* p. 75.

un arrest des plus rudes (1) il ayt obligé ces bons
peres à quitter cette opinion, quoyquils fassent
un veu particulier de la suivre, la tenant de
S. Thomas, de sorte que tous les predicateurs
auiourduy, autant de leur ordre que les autres,
aprez avoir fait le signe de la crois, ils aioutent :
*et loüée soit la conception immaculée de la
S. Vierge.* Vous ne sçauriez croire combien
depuis un an on a dressé des autels pour honnorer ce mistere et comme chacun va disant son
chapelet par les rues; au lieu d'*Ave Maria*, on
n'entend plus que ces mots : *loüée soit l'immaculée conception.* Certainement je ne puis tenir le
rire quand j'y pense, car, outre les chapelets
qu'ils portent au bout des doits, ils empoignent
une boete de tabac en poudre, de sorte que nous
les voyons passer marmotant, reniflant et eter-
nuant de cent mille manieres. La premiere fois
que je fus surpris de cette vilaine coustume fust
dans l'eglise du Rosaire (2). J'etois entré dans la
sacristie et je me preparois pour dire la messe,
lorsque j'entendis toute la voute retentir. Je tour-
nay la teste pour voir ce que c'etoit et j'aperceus
une douzaine de religieus, lesquels, ayant pris du

(1) Par l'ordonnance du 29 octorre 1652, Philippe IV s'érigeait en
effet au-dessus du concile de Trente, mais il se conformait à la
bulle *Sollicitudo* d'Alexandre VII (8 déc. 1661), qui interprétait le
dogme dans le sens scotiste; voy. Preuss, *l. c.*, p. 107.

(2) Le bâtiment de ce couvent des Dominicains *du* Rosaire
existe encore dans la Calle Ancha de San Bernardo, voy. Mesonero
Romanos, *El antiguo Madrid*, Madrid 1861, p. 206.

tabac tout a la fois, faisoient une musique du nez la plus burlesque qu'on ayt jamais oüy. J'en vis encore prendre dans la meme eglise à deus conffesseurs qui avoient leurs penitentes à leurs genous devant tout le monde, lesquelles disoient leurs pechez de la maniere du monde la plus surprenente, c'est à dire en tenant continuellement un eventail entre les mains, dont elles se ventoient sans cesse, tantost prenant la main du bon pere et tantost faisant de grands eclats de rire, avec quoy elles ne laissoient pas d'avoir une absolution fort gesticulatoire et de s'aprocher au meme temps de la sainte table.

Je vous suplie, Monsieur, de ne croire point que j'exagere, car, bien loin de la, je laisse d'autres circonstances dont vous seriez fort mal edifié. C'est par la qu'ils font venir l'eau au moulin. Il est fort peu de ces donneurs d'absolutions qui n'entretienent carrosse et qui n'ayent page et laquais dans le couvent. Ceus qui s'entendent le moins à ceste pratique n'ont que de mules de cent cinquante piastres, sur lesquelles ils vont à cheval avec autant de faste que le légat lorsqu'il fist son entrée. Pour les pretres on n'en voit pas beaucoup de capables, le libertinage les affaincantise si fort qu'à peine savent-ils le latin. J'en rencontray plusieurs dans mon voyage que je n'eusse jamais reconnus, si je ne leur eusse veu la tonsure. Ils avoient un bonnet à la bourguignote de couleur grise, une soutanelle sans manches et un pour-

point dont les manches paroissoient de satin vert,
les bas et les hauts de chausse de même, avec un
mousqueton sur l'epaule et un poignard pendu sur
le derriere à une ceinture de cuir. Je les vis un
jour officier dans une petite ville, ou nous arrivamez
à la Notre Dame de septembre. Figurez-vous,
Monsieur, pour le chant tout ce que vous pourrez de
plus risible, car ce n'etoit point le plein chant,
c'etoit une cadence capable de faire eclater de
rire, s'ils ne chantoient pas des choses sacrées. Ils
avoient fait auparavant une procession au bruit
du tambour et de cinquante petites clochetes, que
les petits enfants sonnoient de toutes leurs forces
et qui faisoient un bruit si epouventable que je ne
pouvois voir que la bouche des prestres ouverte,
sans sçavoir s'ils chantoient ou s'ils humoient le
vent. Aprez eus venoit le peuple; les magistrats
portoient de batons pareils à ceus des bedaus de
Paris; les menus officiers avoient des houssines
blanches, et le commun des cierges. Pour les
femmes, elles etoient assez embarrassées de leurs
habits : comme elles ne sont pas fort fecondes,
pour conserver leur fruit, elles se servent de
certains cerceaus, qu'ils appellent *gardinfans* (1),
qui sont plus larges que longs, mais d'une si prodigieuse largeur qu'elles ne pouvoient entrer dans

(1) Sur le garde-infant et en général sur l'accoutrement des
femmes espagnoles à la fin du xvii° siècle. Voy. M™° d'Aulnoy,
éd. citée, p. 271 et suiv.

l'eglise qu'en se tournant de costé. Il me sembla d'abord de voir le gros La Pierre de l'Hostel de Bourgoigne dans l'enterrement du petit Scaramouche. Il est vray que pour cacher ce petit garçon qu'il fist sortir de sa cotte il n'avoit pas besoin d'une juppe si ample que celle des Espagnoles, sous laquelle sans exageration deus hommes peuvent se cacher fort commodement. Pour moy je n'inprouvois pas toutes ces momeries, car, aprez tout, les volontez sont libres et chacun peut se barboüiller à sa mode; mais j'eusse bien voulu qu'il m'eust esté du moins permis d'en rire tout mon sou : je n'en ay jamais eu plus d'envie, et cependant il me falloit tenir ma gravité de peur de choquer ma compagnie, dont j'avois besoin de menager encore les bonnes graces jusqu'à Madrid. Mon conducteur me demanda au sortir de la si je n'etois pas bien satisfait de cette solemnité, et comme il me luy fallust repondre que oüy, il adiousta fort serieusement qu'on en usoit de meme par toute l'Espagne.

J'avois oublié à vous dire touchant ce personnage cy l'honneur que je fus obligé de luy rendre et qui n'etoit pas moins burlesque que le reste. Au commencement je ne le traitois que de *vous* : il me sembloit que c'etoit assez pour un mulatier, mais l'officier reformé qui etoit de notre troupe, m'ayant le soir tiré à part, me conseilla en amy d'etre plus civil en mes parolles, qu'on en avoit esté furieusement choqué et qu'on ne m'avoit excusé qu'à cause de ma nation, qui est, me dit-il, estimée fort brutale, les Espagnols n'apellant ordinairement les François *gavachos* qu'à cause de cela. C'est pourquoy que, si je voulois vivre avec un peu plus d'honneur parmi eus, je devois les traiter de *Vostra Merced*, qui vaut autant à dire que *Votre Seigneurie*. Moi qui ne demandoit pas mieus que de faire mon chemin doucement, quoyque je fusse surpris d'une civilité si etrange, je ne laissois pas de leur donner de Votre Seigneurie à tout bout de champs. Dez le lendemain je reconnus les esprits tout a fait changez, ceus meme, qui m'avoient auparavant regardé de travers et qui avoient repondu à peine à mes parolles, furent tellement gaignez, aussitost qu'ils m'entendirent parler de cette maniere, qu'ils sourioient depuis a tout ce que je disois. J'ay ri autrefois en lisant don Guichot de voir que dans toutes les rencontres on honnoroit de ce nom, non seulement ce plaisant cavalier, mais encore son ridicule ecuyer dom Sanche Pança. Pour lors j'atribuois cela au suiet de l'histoire, qui est toute burlesque depuis un bout jusqu'à l'autre; mais je n'eusse jamais creu que tous les Espagnols generallement eussent affecté cet honneur ridicule : cella vient, Monsieur, de cet orgueil, qui leur est naturel et qui leur fait croire que toutes les autres nations ne sont rien en comparaison d'eus. En effet vous ne voyez pas le moindre gueux qui ne porte l'epée; ils se figurent que c'est etre noble que d'etre espagnol, pourveu qu'on ne soit pas né ni d'un more ni d'un juif ni d'un heretique. Ils sont hidalgues, c'est à dire gentils hommes. Il est une autre sorte de noblesse qui vient du choix du Roy et qu'on appelle *cavalleros*, mais cela n'empeche pas que la premiere ne leur donne à tous la permission de porter les armes, et ils en sont si jalous qu'ils ne la quittent jamais; le courdonnier la tient en cousant ses souliers, le barbier en faisant la barbe, l'apoticaire en donnant des remedes, et ainsi generallement de tous les autres.

Ils sont aussi fort adonnez au peché de la chair. Ils se ruinent à entretenir des femmes, et les grands leur donnent jusqu'à cinq cents ecus pour une fois. Cependant pour vous montrer combien l'on se paye de grimace, l'on n'en oseroit pas faire la moindre demonstration dans une eglise. Vous voyez partout des sergens qui sont la pour epier le monde, et si un homme ozoit s'entretenir avec une femme, ils le chasseroient avec honte ou le meneroient prisonnier. Je me suis trouvé quelquefois, depuis que je suis arrivé, dans de certains endroits ou l'on faisoit la feste du patron; comme la musique y est bonne, on y accourt à foule, toute lapresdisnée se passe à chanter de chansons en leur langue devant le S. Sacrement, ce qu'on appelle la *siesta,* et l'on ne fait que rire sans ozer se parler. Il faut, Monsieur, que je vous avoüe icy mon faible, vous l'appellerez peut estre irreve-

rence, mais n'importe, tout pieus que vous etez
vous en auriez peut etre fait autant que moy.
Comme je pouvois rire icy impunement aussi bien
que les autres, je ne peus m'en tenir aprez avoir
fait mes prieres, voyant des chemises dechirées
par devant et par derriere, soy disant surplis, sur
le dos des pretres, voyant un nombre de chatrez
fort vieus, tout ridez, qui faisoient de tres laides
grimaces, voyant les nouvelles postures des autres,
voyant cent mille sorte de moustaches et la teste
de la plupart rasée, excepté deus flocons de cheveus qui leur pendoient devant les oreilles, voyant
enfin la plupart encore avec des grandes lunetes
qu'ils attachent avec un ruban derriere la teste (1).
J'ay remarqué depuis qu'on les porte par honneur,
que c'est le caractere exterieur des sçavans, que
c'est une marque qu'ils ont affoibli leur veüe à
force d'etudier et de la vient qu'ils ne se les ostent
que quand ils se veulent coucher, les portant par
les rues et ne les quittant pas memo dans les
visites les plus importentes. J'ay autrefois veu
parmi les portraits du cimetiere S. Innocent une
bonne vielle qui en avoit de pareilles, le peintre
n'avoit pas creu pouvoir mieus amuser le peuple;
mais ce qui en augmente icy la ridiculité c'est
qu'on les voit bien souvent au travers des capu-
chons des moynes. Je ne veus vous rien dire des

(1) Voy. ce que M⁾ᵉ d'Aulnoy raconte de cette mode, qui, de
son temps, était suivie memo par les femmes, *liv. cit.*, p. 281 et
suivantes.

habits que nous voyons et dont les grands aussi bien que le peuple se servent ; sachez seulement que nos mascarades de caresme prenant n'en inventeront jamais de si risibles que ceus qui sont icy à la mode. Que ne puis-je vous decrire aussi leur deüil, c'est à dire une espece de grande calote qui leur vient jusqu'au dessous des oreilles, sans chapeau, et une piece de drap dont ils s'emmaillotent depuis le col jusques aus pieds, en sorte que je ne sçay pas comment ils peuvent marcher. Que ne puis-je vous dire encore quelque chose de leurs carrosses, qui sont toutes trainées par des mules, meme celles des plus grands seigneurs, et les cochers qui n'y ont point de siege et qui sont obligez de les conduire à cheval tout de meme que nos coches. Ils observent une marque de grandeur qui merite bien de remplir le reste de cette page. Tout le monde en peut atteler quel nombre il veut, mais il n'i a que le Roy, les ambassadeurs et les gens de la plus haute qualité qui puissent atteler les deus qui vont devant avec de longues cordes qui ont bien cinq aulnes (1). Vous me permetres, Monsieur, de rendre icy mes respecs à ceus à qui je les dois, c'est à dire àtoute votre illustre famille. Je prendray quelque occasion favorable pour ecrire à chacun en particulier. Je l'eusse desia fait, mais le paquet eut esté si grand qu'il en eut

(1) C'est ce qu'on nommait *los tiros largos* ; voy. Mme d'Aulnoy, *liv. cit*, p. 187 et 205.

cousté plus d'un ecu. J'espere qu'en attendant ils seront satisfaits des lettres que je vous ecris. J'ecrirois à Mademoiselle de Tresmes (1), si je sçavois qu'elle fust arrivée. Ne m'oubliez pas, je vous en prie; continuez moy la bonté que vous m'avez si souvent temoignée et croyez que dans toutes les occasions ou il s'agira de vous montrer mon zelle et mon service vous verrez touiours que je suis parfaitement,

> Monsieur,
>
> Votre tres humble et tres obeissant serviteur.
>
> MURET.

(1) Probablement une fille de René Potier, comte, puis duc de Tresmes; voy. la généalogie de cette branche de la famille Potier dans La Chesnaye Desbois, *liv. cit.*, t. XI, p. 465 et suiv.

III

De Madrid, ce 18 novembre 1666.

Monsieur,

Je viens de recevoir deux de vos lettres tout à
la fois, dont je vous rends un milion de graces,
parceque vous avez la bonté de m'apprendre
la senté de Monsieur de Marillac, qui me sera
chere toute ma vie à cause des grandes obligations que je luy ay et à toute votre illustre
famille. Cependant vous voulez bien que je continue à vous entretenir de l'Espagne et que je
vous derobe un petit moment de cet etude serieus pour vous faire un peu epanoüir la rate.
Je voudrois que vous peussiez vous figurer les
choses de la maniere que je les vois, car je m'asseure qu'elles vous serviroient d'une continuelle
comedie.

Nous fumez il y a tantost quinze jours au palais
ou s'etoient rendus tous les grands de ce royaume
et tous les ambassadeurs pour souhaiter une

longue vie au jeune roy, ce qu'ils appellent icy
los años del Rey (1). Monsieur le Nonce (2) fit la
harangue, qui ne consistoit qu'en cinq ou six
lignes, aprez quoy on se retira sans avoir receu
d'autre remerciment qu'un coup de chapeau, qu'on
avoit appris depuis trois mois à ce jeune prince,
aussi bien qu'un signe de la main pour faire cou-
vrir les grands de la seconde classe; car vous
remarquerez, Monsieur, s'il vous plaist, en passant, qu'il y en a de deus classes differentes, dont
ceus de la premiere se couvrent presque aussitost
que le roy, et les autres ne prennent cette liberté
qu'aprez qu'on leur a fait signe. Je crois qu'il y
avoit bien ce jour la devant le palais plus de six
cents carrosses, toutes à quatre mules, et une de
chaque ambassadeur dans une cour couverte au
dedans. La foule du peuple etoit prodigieuse, sans
oser neantmoins faire le moindre effort pour entrer
dans la sale ou nous fumez introduits : en quoi
j'admirois leur retenue, car ils sont incomparable-
ment plus curieus que nous. Il n'i a ni soldats des
gardes ni gardes du corps qui puissent les repous-
ser, toutefois ils n'ozeroient advancer un pas parceque c'est contre l'ordre, au lieu qu'en France,
je ne dis pas pour de pareilles ceremonies, mais

(1) C'est-à-dire l'anniversaire du roi Charles II, qui était né le
6 novembre 1661.

(2) Vitaliano Visconti Borromeo, archevêque d'Ephèse, d'a-
près Vicente de la Fuente, *Historia eclesiastica de España*, t. VI,
p. 419.

pour de simples balets, il faut faire de barricades
à trois ou quatre portes et les faire garder par les
soldats les plus vigoureus et dont la moustache
est plus effroyable. Ce grand nombre d'Espagnols
se contentoient de nous voir passer dans les galleries d'en haut et d'en bas, qui sont fort longues,
ayant formé comme une haye de tous les deux
costez ou l'on ne voyoit que testes. Cet ordre contribua à nous faire voir avec plus de plaisir toutes
les richesses de Madrid, qui sont asseurement
tres grandes en pierreries. Les uns paroissoient
avec des colliers, les autres avec de chaines,
quelques uns avec de ceintures et je ne sçay combien d'autres avec de roses de cent mille manieres.
L'on pouvoit bien dire icy que l'art surpassoit la
nature, car le printemps ne nous a jamais montré
de si belles fleurs ni si precieuses que celles-la.
Vous en voyez dont le bouton etoit une emeraude
large comme une piece de trente sous et les feüilles
d'une infinité de diamans ; les autres etoient diver-
sifiées de rubis et de perles avec touiours quelque
pierre de grand prix au milieu. Si j'etois lapidaire
je vous en dirois les noms, mais vous le concevez
assez par les differentes especes de celles que vous
pouvez avoir veües. Tels en portoient jusqu'à
soixante mille ecus. Il n'i eut pas jusqu'à Son
Excellence qui ne fist montre d'une partie des
siennes, portant une croix du S. Esprit de diamans
avec demi douzaine de boutons de meme le long
du cordon de l'ordre, qui valoient huit mille ecus.

Qui ne croiroit en entendant ce recit que les habits repondoient à cette galanterie, et qui ne seroit surpris de voir au dessous de ces richesses de vilains manteaus de reveche (1) la plus grossiere, qui vont batre jusqu'aus talons, sans etre bordez, et qui se defilent comme une espece de frange? Je ne parle point de leurs habits d'arlinquin, de leurs souliers de danseurs et de tout le reste de leur fagotage, qui excite d'autant plus le rire qu'ils le portent avec plus de gravité; pour moy, si j'avois rencontré un homme si mal vestu, cachant sous son gredin de manteau tant de pierreries, et que je ne sçeusse point la coustume, je le prendrois pour un voleur.

En sortant du palais nous eumez un autre spectacle qui n'etoit pas moins divertissant. Toutes les belles prisonieres, dont je vous ay desia dit le

(1) « Étoffe de laine qui n'est point croisée, mais qui est une espèce de frise ou de ratine frisée à poil long et qui est moins serrée... Les meilleurs revêches viennent d'Angleterre ». *Dictionnaire de Trévoux.* — « Le commerce des Anglois consiste premièrement en bayettes. C'est une étoffe de maniere de mechante reveche, qui peut valoir 60 à 70 liv. la pièce contenant 11 vares. Il en est consommé une quantité prodigieuse, tous les Espagnols en ayant presque tousiours des manteaux, outre qu'ils s'en habillent l'esté. Il en passe par les galions pour environ 1400000 liv., par la flotte pour 310000 liv., et pour le pays pour 280000 liv. » *Memoire sur le commerce qui se fait à Cadix et aux Indes Occidentales par toutes les nations de l'Europe. Vers 1680.* (Bibl. Nat. ms. fr. 9015, f. 252 v°) — « La bayette et la ratine noire est l'étoffe dont ils s'habillent l'hyver, en esté ils ont des habits de taffetas, mais ils gardent toujours le manteau et la roupille de bayette ». Van Aersens, *Voyage d'Espagne,* Cologne 1667, p. 81.

nombre, paroissoient au travers des balcons grillez
pour voir retirer tous ces carrosses, et nous vimez
en un moment toutes les postures que les femmes
ont acoustumé de faire, soit en riant, soit en saluant
leurs galans, soit en temoignant du desdain, du
mepris, de la joye et de toutes les autres passions ;
car jugez bien, Monsieur, que d'un si grand
nombre chacune envisageoit son obiet different.
Je puis seulement vous dire que de ma vie je n'ay
jamais veu tant de signes de main, tant de bran-
lemens de teste ni voler tant de mouchoirs.

L'aprèsdisné je fus me promener avec un de nos
gentilshommes, qui voulut me faire voir la fau-
connerie, ou nous ne trouamez que deus oiseaus
gardez par une vielle : si grand est maintenant
l'empire des femmes pendant la regence que jusqu'aus divertissemens de la chasse sont commis
aus personnes du sexe ; aussi dit-on que la Reyne (1)
tire fort bien. Elle a fait faire un parc depuis le
palais jusqu'à la riviere, qui n'est guere moins
grand que les Tuileries et qui pourroit servir à un
parfaitement beau jardin ; mais elle l'a converti en
une guarene pour ne pas perdre l'usage du fusil,
qu'elle manie avec beaucoup d'adresse. Toutefois
il me semble qu'elle ne peut pas bien paroitre la,
car il y a une si prodigieuse quantité de lapins qu'on
ne sçauroit en manquer, quand on fermeroit les

(1) Marie-Anne d'Autriche, seconde femme de Philippe IV, fut
régente depuis la mort de son mari (17 septembre 1665) jusqu'à
la majorité du roi Charles II (1675).

yeux. J'aurois un plaisir merveilleus de la voir quelque jour dans ces exercices acompagnée de toutes ses beguines, parceque je ne puis pas concevoir comment elle se peut remuer avec cet embarras d'habits, bien loin de manier une arme à feu, ni quelle mine elle peut tenir aussi bien que les autres nimphes de cette Diane.

De ce parc nous montamez à l'apartement ou sont les differentes chambres de la justice. Il y en à diz à douze à plein pié, semblables plutost à des etudes de procureur qu'à de tribunaus souverains. Cependant leur ressort est bien d'une autre etendue que celle du premier de nos parlements, comprenant non seulement toute l'Espagne, mais l'Italie, la Flandres et les Indes. Il n'i a de places aus sieges que pour dix personnes, dont l'un est president et les autres conseilliers. Ce que je trouvay de meilleur ce qu'il y a des ecoutes partout, fort obscures, qui repondent à une gallerie, ou le roy pouvoit venir sans etre aperceu et prendre garde si les juges faisoient leur devoir ; aussi s'en aquitent ils avec une integrité admirable, sans l'ambarras de cette infinité de procedures que nous avons en France. Les deus advocats ordinairement produisent leurs raisons par écrit le plus succintement qu'il est possible et la dessus on ne fait qu'ouvrir les livres de leurs lois, qui sont touiours sur une table au milieu, et prononcent leur arrest conformement à leurs coustumes.

Mais si leur maniere de rendre la justice est

raisonnable, je trouve qu'ils n'ont pas moins de raison en celle de leurs sepultures. Vous sçavez, Monsieur, que les sages de l'antiquité ont touiours improuvé les larmes que l'on repand sur les corps morts, soutenant que l'on devoit plutost pleurer le jour de la naissance que celluy qui met fin à tous nos travaux. Les Espagnols en font à peu prez de meme. Il est vray qu'ils ne prenent pas le deüil lorsqu'ils devienent peres, mais aussi ne pleurent-ils pas presque à la mort de leurs proches ; ils les font enterrer au son des instrumens et avec des concerts de musique, ou l'on invite le monde comme à une feste. Je me suis desia trouvé en deus occasions pareilles : l'une d'un religieus et l'autre d'un marchand, mais je vous asseure, Monsieur, qu'il n'est rien de si agreable. L'eglise n'est pas seulement tendue de noir aus murailles, il y a encore de gros tapis par terre qui s'estendent jusques à la porte. Le corps est au milieu du chœur avec une douzaine de chandeliers d'argent tout au tour de la hauteur d'un homme et une infinité d'autres petits dans l'espace qui reste vuide et sur la biere. J'en ay conté jusqu'à trois cents d'un costé et d'autre, et dans le fonds il y a trois rangs de religieus, et sur les degrez du maitre autel, qui est ordinairement composé de dix à douze marches, il y a une demi douzaine de petits moynes qui sont les pleureurs. Toute cette assemblée tient sa gravité pendant que les musiciens font rage ; aprez quoy on porte le corps dans

une chapelle basse, laquelle, bien que souterraine,
ne laisse pas d'etre autant eclairée que l'eglise,
parfaitement bien pavée de belle pierre et de
brique et les murailles blanches et eclatentes
comme du marbre. Ces murailles sont toutes
percées de trous fort profonds, ou l'on ne peut
fourrer qu'une biere, dont on enduit ensuite l'ou-
verture avec du platre et l'on ecrit dessus en lettre
noire le nom du deffunt. En verité il ne se peut
rien voir de plus propre, et si j'etois un peu moins
detaché de la vie, cella me fairoit souhaiter de
mourir en Espagne pour avoir une pareille sepul-
ture, au lieu qu'en France nous ne pouvons
attendre que cinq ou six pieds de terre sur le
corps, ce qui ne semble pas peu contribuer à
l'horreur de la mort.

J'eus la curiosité le lendemain de la Toussaint
d'aller visiter ces chapelles souterraines dans
toutes les religions et dans toutes les parroisses, et
je m'asseure que je fis bien gaigner ce jour-la
l'avoyne aus mules du carrosse qui me menoit,
partout on y disoit de messes et partout je trouvay
de nouvelles beautez. J'en trouvay meme quelques
unes de natées; car vous sçaurez, Monsieur, que
pendant l'hiver on nate toutes les eglises et qu'on
s'y sert de brasiers, dont l'usage est tres commun,
parcequ'on ne sçait ce que c'est icy que de se
chaufer à une cheminée, meme dans les plus
grandes maisons. En echange il ne se peut rien
voir de plus riche que leurs brasiers. J'en ay veu

de dix mille ecus, la plus part sont d'argent, meme parmi la bourgeoisie, et l'on n'en voit de cuivre que parmi le plus menu peuple. Son Excellence en a jusqu'à six et un buffet de vermeil doré, qui est veritablement tres riche et tres beau. Il est composé de quatre marches toutes chargées d'urnes et de bassins cizelez et par terre trois cuves d'argent fort grandes avec je ne sçay combien de flacons et de services d'assietes, dont la table est furieusement chargée. Il a acheté quantité de cette vaisselle en Espagne. La saliere, qui est aussi de vermeil doré, merite de vous etre decrite. Elle est d'une grande plaque en quarré avec le sel au milieu et aus quatre coins il y a un sucrier, un vinaigrier, un vase pour la moutarde et un autre pour les espices.

Il faut que je vous dise encore un mot de la maniere qu'on presente à boire. Un page ou un laquais vient avec une soucoupe, ou il y a un verre au milieu et tout à l'entour trois buretes, dont l'une est plaine de vin blanc, l'autre de rouge et l'autre d'eau; de sorte que c'est vous meme qui en faites le meslange.

Vous voulez bien, Monsieur, que je profite de ce petit bout de papier pour vous asseurer de la continuation de mes respecs tres humbles et de mon zelle aussi bien que toute votre illustre famille.

MARET.

IV

De Madrid, ce 28 decembre 1666.

Monsieur,

Quoyque je n'aye point receu de vos lettres
par cet ordinaire, je ne laisseray pas de continuer
mes relations, puisque vous m'avez desia temoigné
qu'elles vous soient agreables, et pour bien em-
ployer le papier, de peur qu'il ne me manque, je
vous diray d'abort que, quoyque le jeu soit exces-
sif en France, il ne l'est pas neantmoins si fort que
celluy d'Espagne ne puisse nous passer pour une
nouveauté. Les personnes de qualité n'epargnent
rien, quand ils y sont une fois engagez. Nous en
voyons tous les jours des exemples, qui ne sont
pas moins surprenants que ridicules, car non seulement ils risquent tout leur argent sans se laisser
un double, mais leurs meubles les plus neces-
saires. Croyez, Monsieur, ce que je m'en vays vous
dire, il n'est rien de si vray. Depuis que je suis
dans cette ville j'ay veu degarnir une maison de
toute sa tapisserie, parceque le maitre l'avoit

jouée le soir auparavant. Un des grands a joué un lit de sa femme en broderie d'or qu'il luy avoit fait venir depuis peu de Genes et que bien de dames etoient allées voir quelques jours auparavant par curiosité, de sorte qu'elles ne furent jamais si surprises qu'en le voyant tendu en un autre endroit presque en même temps. Il s'en est veu qui ont joué generallement tous leurs meubles et qui n'ont pris de terme que pour trois jours, aprez quoy ils ont pretexté un voyage à la campagne ; et la semaine derniere il y en eust un qui joua jusqu'à son cocher, ayant perdu auparavant son carrosse et ses mules. L'autre, qui avoit accepté son offre, croyoit que ce fust un esclave, dont il y en a icy grand nombre, mais il trouva que c'etoit un homme libre, et qui fust tellement indigné d'avoir esté baloté dans le jeu qu'il prit son congé en disant des iniures à tous les deus. Or, parce qu'il n'est rien icy de plus inviolable que la parolle qu'on donne en jouant, jusques la qu'aprez les vint quatre heures expirées un homme passeroit pour infame s'il ne s'aquitoit de sa dette, il fallust que cellui qui s'etoit si fort avancé fist de grandes excuses à l'autre et qu'il le compensast en argent.

Je ne doute point, Monsieur, que ces choses ne vous paroissent nouvelles ; mais que direz vous si je vous en apprens d'autres qu'aucun homme de bon sens ne sçauroit concevoir, à moins de les avoir veües? Vous sçavez combien la nuit de Noël est en veneration parmi nous, car si l'on en excepté quelque jeunesse, qui s'attend à manger du salé en venant de l'eglise, tous les autres la celebrent avec pieté et on ne tache qu'à bien preparer sa conscience pour s'aprocher dignement de la sainte table. Icy au contraire c'est la nuit la plus scandaleuse de toute l'année ; elle ne sert qu'aus rendez vous, à une yvresse presque generalle et à des comedies, dont on choisit l'autel pour theatre et dont les religieus meme sont les acteurs. Pour moy, qui n'avois jamais voulu croire des irreverences si monstrueuses, quelque recit qu'on m'en eust fait fort serieusement, je ne mánquay pas de m'y en aller pour me desabuser tout à fait ; et parcequ'on m'avoit dit que les capucins faisoient encore pis que les autres, je fus à ceux de la Patience (1), qui sont en grande reputation. Je trouvay en arrivant une foule de François devant la porte qui rioient par avance en se faisant souvenir les uns les autres des bouffonneries qu'ils y avoient veües les années précédentes. Ensuite la porte ayant esté ouverte, on entra dans l'eglise comme en lieu profane, en courant et se pressant pour prendre la meilleure place et la plus part sans oster le chapeau ni se mettre à genous. Aprez un bruit epouvantable de je ne sçay combien de voix differentes, dont les uns s'entretenoient tout haut de ce qu'ils avoient mangé à souper, les autres des brindes (2) qu'ils

(1) Ce couvent, fondé par Philippe IV en 1639, a été démoli en 1837, voy. Mesonero Romanos, *liv. cit.*, p. 259.
(2) C'est-à-dire des « santés qu'ils avaient portées ».

avoient faits à la mode d'Allemagne, quelques uns
des filles qu'ils avoient caiolées, et tous de mille
choses qui etoient indignes du lieu où ils etoient,
il se fist tout à coup un grand silence parce qu'on
apperceut venir un moine avec un petit barril, soy
disant tambour, qu'il battoit tout de son mieus, et
un autre avec un fifre qui se faisoit entendre depuis
un demi quart d'heure et qu'on croyoit d'abord
etre en quelque maison prochaine; il avoit chiflé
pendant que ses camarades s'habilloient, aprez
quoy il se joignit au tambour pour les conduire en
cadence. Ce fust icy, Monsieur, ou je ne peus plus
tenir le rire. J'en oubliay la sainteté du lieu où
j'etois, et avec bien plus de transport que si j'eusse
veu Scaramouche sur le theatre avec sa troupe je
m'abandonnay à des eclats immoderez. En verité
vous m'eussiez pardonné dans cette rencontre, car
je ne sçay pas qui est l'homme si serieus qui n'en
eut pas fait autant que moy. Il parust une bande
de religieus travestis avec de longues barbes repre-
sentant les pasteurs de Bethleem avec des habits
moitié à l'espagnolle, moitié à la francese, à l'al-
lemande, en un mot un peu de chaque nation.
Fagotez, je vous laisse à penser, enfarinez en sorte
qu'ils n'etoient pas connoissables; quelques uns
s'etoient barboüillez le visage avec du charbon, et
portoient, les uns un agneau sur les epaules, les
autres un bouc de vin, les autres un panier rempli
de volaille, les autres des œufs, les autres du fro-
mage et marchoient en riant et sautant. Cette

troupe de barbus etoit suivie d'une autre de jeunes freres, qui etoient habillez en bergeres avec de pareils presents et faisoient la cour à la S. Vierge, qui etoit au bout avec S. Joseph. On la fist asseoir par terre auprez d'un monceau de paille ou elle mit le petit Jesus, et le regardoient avec beaucoup de joye, pendant que les pasteurs faisoient mille grimaces. Il est impossible de vous les depeindre. Je vous diray seulement que je n'ay jamais rien veu de si immodeste. Ils s'excusent sur la resioüissence du jour, mais il me semble qu'ils pourroient se contenter de cette joye interieure qui n'est veüe que de Dieu seul et qui ne tient point des solemnitez boufonnes du paganisme ; ou bien, s'ils veulent montrer leur joye par quelque marque exterieure, il me semble que ce seroit assez d'une procession qu'ils firent un quart d'heure aprez et qui fust veritablement aussi edificative que le reste avoit esté scandaleus. Aussitost qu'ils se furent debarbouillez, ils rentrerent dans l'eglise deus à deus avec des cierges, la croix marchant devant, et le gardien, qui venoit derriere portant l'enfant Jesus entre ses deus bras, s'alla asseoir sur le marche pied de l'autel ou on luy avoit preparé une chaise. La, aprez un cantique de l'eglise chanté à leur mode, ils luy ndrent baiser les pieds par ordre d'ancieneté et s'en retournerent en chantant de meme.

D'icy je fus à deus couvens de religieuses, c'est à dire à *Las Descalças* (1) et à *Los Ange-*

(1) *Las Descalzas Reales,* célèbre couvent de religieuses francis-

les (1) pour entendre la musique. En l'un les chastrez firent des merveilles, et il eust eté à souhaiter qu'ils se fussent cachez en chantant, parceque leurs laides grimaces diminuent beaucoup du plaisir qu'on prend par les oreilles. En l'autre les religieuses elles meme chanterent une infinité de chansons en leur langue avec une tendresse et une harmonie admirable.

Le lendemain nous fumez au palais avec les autres ambassadeurs catholiques pour souhaiter *las bonas pascuas* au Roy. Nous y avions esté huit jours auparavant *para los años* de la Reyne (2) et j'admiray dans toutes les deus fois une gentilesse tres grande en ce jeune prince. Je ne l'avois jamais regardé plus à loisir et je n'en suis jamais sorti avec plus de satisfaction. Il ecouta la harangue de Monsieur le Nonce, en le regardant fort attentivement. Aprez il se mit à crier je ne sçay, quelles parolles de toute sa force et fist aprocher les grands pour luy baiser la main. La gouvernente le tenoit entre ses genous et eclatoit à tous momens de rire de voir ces petites façons et les parolles qu'il disoit avec tant de grace: Les grands vinrent chacun en son rang mettre un genoüil à terre pour luy rendre leurs homages, et les

caines fondé par la princesse Dᵉ Juana, fille de Charles-Quint, en 1559.

(1) Autre couvent du même ordre fondé en 1561 par Dᵃ Leonor de Mascarenhas, gouvernante de Philippe II et du prince D. Carlos; voy. Mesonero Romanos, *liv. cit.*, p. 06.

(2) Marie-Anne, reine douairière, naquit le 17 décembre 1634.

nomma chacun par son nom, donnant un souf-
flet à l'un, un coup de poing à l'autre, en l'appe-
lant *picaro* (1) et semblables choses qui faisoient
mourir de rire. Le soir nous eumez un rencontre,
ou il faillist y avoir bien du sang repandu. Nous
retournamez au palais pour voir la *camarera
mayor* et nous y arrivamez lorsque l'ambassadeur
d'Angleterre (2) en sortoit. Notre postillon gaigna
le devant et ferma le passage, et aussitost nous
mismez tous pied à terre excepté son Excellence;
cependant nos laquais et nos pages prirent les
rhesnes des chevaus anglois, mais comme ils ne
se mirent point en etat de defense et qu'ils s'arres-
terent tout court, Son Excellence donna ordre de
les laisser passer, parcequ'ils ne pouvoient point
reculer et nous nous croisamez sans nous salüer.
Par malheur pour eus l'ambassadeur d'Holande
se trouvoit aussi la, de sorte qu'il leur fallust
couler doux et se retirer sans dire un seul mot.
Lorsque nous sortimez nous rencontramez aussi
l'ambassadeur d'Allemagne dans la haute gallerie,
et nous fumez bien surpris en bas de voir qu'il
avoit laissé notre carrosse dans la premiere place,
ayant fait ranger le sien au dessous. Vous sçavez,
Monsieur, combien ces petites choses sont de
grande importence dans les ambassades.

Nous avons employé tout le reste de la semaine
en visites, en recevant et en rendant je ne sçay

(1) C'est-à-dire « coquin ».
(2) Edouard Montaigu, comte de Sandwich.

combien par jour : ce qui fait qu'à peine ay je
quitté mon manteau ni veu un livre, mais en
echange de la satisfaction de l'esprit que m'auroit
peu donner la continuation de mon estude, il y a
eu de quoy recreer pleinement le goust par la
diversité des confitures et de hipocrats. On nous
en donne de bien de manieres que je n'avois point
veu en France, car outre toutes les sortes de
couleur du vin, on en fait qui paroist de l'eau et
qui a encore plus de force que les autres. On
adiouste un nouveau regale chez Monsieur le
le Nonce, qui est d'eau de cidre ambrée, ou outre
la delicatesse on sent une odeur admirable. Mais
le meilleur que je trouve dans ces colations conti-
nuelles c'est qu'il ne nous en couste rien.

Vous aurez sans doute appris, Monsieur, qu'il
est venu depuis peu un nouvel ambassadeur de
Venise (1) et que nous nous preparons fortement,
afin que celluy d'Angleterre n'oze point nous dis-
puter le pas. Les autres fois, quoyque le roy d'Espagne eut prié tous les ambassadeurs de ne se
point trouver à ces sortes d'entrées pour éviter le
desordre, Son Excellence a répondu hautement
qu'il ne reconnoissoit point d'autre ordre que
celluy de son maitre dans ces occasions, et y a

(1) Catterino Bellegno, ambassadeur de la Serenissime République, arriva à Madrid le 15 décembre 1668. La relation de son
ambassade, qu'il lut à son retour en 1670 devant le Sénat, a été
publiée par N. Barozzi et G. Berchet, *Le relazioni degli stati
Europei lette al senato dagli ambasciatori veneti nel secolo XVII.
Serie I. Spagna*, t. II, Venezia 1862, p. 355 et suiv.

touiours envoyé ces gens, sans que l'anglois ait osé paroitre. Nous ne sçavons pas ce que fera le fameus Montagu, qui a touiours paru si brave, mais je vous asseure bien qu'on luy taillera bien de la besogne, s'il se presente.

Nous nous preparons aussi pour les magnificences des couches de la reyne (1). J'en ay fait deus desseins, mais comme nous ne sçavons pas si ce sera un prince ou une princesse, j'attendray à vous en faire la description, lorsque nous aurons receu les nouvelles.

Le marquis de Santillanez (2) fait ses adieus pour aller prendre la place du marquis de la Fuente (3); toutefois je crois que sa femme retardera le voyage jusqu'au beau temps.

Le temps est icy plaisenment meslé, car j'ay veu en un meme jour une grosse pluye suivie de beaucoup de neige, puis un beau soleil et enfin un vent des plus violents et des plus froids. L'on a parlé longtemps d'une treve avec le Portugal, mais nous aprenons qu'on n'i pense plus et qu'on se prepare à une nouvelle campagne. Je suis, Monsieur, tout à vous autant qu'on le peut etre.

---

(1) Marie-Thérèse, femme de Louis XIV, qui, le 2 janvier 1667, accoucha d'une fille aussi nommée Marie-Thérèse.

(2) D. Rodrigo de Silva y Mendoza, quatrième duc de Pastrana et neuvième marquis de Santillana. Conf. Mignet, *liv. cit.*, t. II, p. 107, 132 et 181.

(3) D. Gaspar Teves Tello de Guzman, premier marquis de la Fuente et comte de Benazuza.

V

De Madrid, ce 10 janvier 1667.

Monsieur,

Je ne sçay à quoy atribuer votre long silence; je ne voudrois pas qu'il fust causé par quelque mauvaise nouvelle, j'ayme mieus croire que les grandes occupations de la fin de votre semestre m'ont privé de cette satisfaction, d'autant plus que je sçay que Monsieur de Marillac se porte fort bien. Quoyqu'il en soit, si vous voulez me priver de vos reponses, je vous prie de me le faire sçavoir afin que je n'en souffre plus aucune peine d'esprit et que je sçache que j'en suis privé seulement parce que vous m'en voulez priver.

Je ne laisseray pas de vous continuer mes legendes tant que je sçauray qu'elles vous seront agreables, et puisque vous m'avez demandé la description des premieres maisons des champs que je verrois, il faut que je vous parle de celle du

Retiro (1), qui est royalle et ou l'on n'a rien oublié pour le divertissement et pour la magnificence. Je vous diray d'abord que le parc est une fois plus grand que celluy d'Olinville (2) et qu'il est diversifié, non seulement par des allées en la maniere de ce païs cy, mais par des estangs, de batimens et de lieus incultes. En entrant l'on rencontre une grande cour en quarré, entourée de quatre aisles de logis toutes de brique. En sortant d'icy l'on se trouve sur un estang revestu de belles murailles et bordé tout le long d'une belle promenade ou l'on va en carrosse. De temps en temps on trouve divers reposoirs, ou, si vous voulez, de cabinets pour prendre haleine, car, outre la vaste estendue que l'on aperçoit d'abord, il y a plusieurs canaus qui vont en serpentant et assez larges pour que la demy galere qu'on y entretient, à peu prez comme celle du Roy qu'on void dans la Seine, puisse tourner sans hurter aus bords. En quittant cette petite mer l'on peut s'ecarter en divers petits bois, vallées et gazons, dont la diversité est admirable et ou l'on se peut joüer avec une infinité de lapins qui y fourmillent de toutes parts. Quand on est lassé de ce divertissement, l'on peut s'aprocher du chasteau; en y venant on en trouve trois autres

(1) Voy. une description détaillée de cette résidence royale avec planches à l'appui dans Alvarez de Colmenar, *liv. cit.*, t. II, p. 237 et suiv.

(2) Ollainville, département de Seine-et-Oise, arrond. de Corbeil, seigneurie des Marillac.

petits, flanquez de fossez les mieus tenus du monde, car au lieu de l'eau on y voit de parterres de cent mille figures. Le dedans de ces forteresses aparentes n'est pas un ratelier pour y pendre toute sorte d'armes ni un magazin de guerre, mais un trezor de tout ce que les Indes produisent de plus precieus. Je veus dire de tapis de l'ecorce des arbres, des habits de Montezumene et des Ingas du Perou, des cabinets d'une estrange maniere, de miroirs de pierre, de rideaus de lit composez de plumes et mille autres meubles, dont je sçay aussi peu l'usage que le nom. La confusion en est si grande qu'il faudroit etre tout un jour, si on pretendoit les considerer tous par le menu. D'icy jusqu'au grand chasteau on passe par des berceaus d'une longuer prodigieuse et si bien entrelassez que je pense que le soleil n'en a jamais percó le feüillage. Ces berceaus sont faits en forme d'etoille et toutes les avenues aboutissent à autant de fontaines d'un merveilleus artifice. Nous ne fimez que les regarder toutes de milieu, parcequ'on nous avertit que le jour ne nous sufiroit pas pour voir les autres curiositez, si nous perdions davantage de temps. Celluy qui nous conduisoit nous fist percer un triangle pour abreger notre chemin et nous nous trouvamez tout à coup dans la cour du chasteau. La il fallust admirer ce cheval de bronze (1), qui

(1) La fameuse statue équestre de Philippe IV, exécutée à Florence par Pietro Tacca. — L'attitude que l'artiste sut donner au cheval prouve combien il ayoit de hardiesse et de génie : il l'a

n'a point asseurement son pareil dans l'Europe. Cette masse prodigieuse s'esleve si fort des deux pieds de devant que l'on ne sçait comment elle se peut soutenir; il est vrai que le prince qui est dessus et la queüe qui est fort grosse peuvent faire un poids suffisent pour le tenir en cette posture, mais le piedestal est si etroit que la raison se perd la dedans et l'on avoue en le quittant qu'il ne se peut rien voir de plus hardy.

Dans le chasteau nous fumez surpris dez l'entrée de la quantité des tableaus (1). Je ne sçay pas

représenté au moment où il se cabre, de sorte que les deux pieds de derrière de l'animal soutiennent le poids énorme de dix-huit mille livres. D'après les relations qui existent de ce temps-là, on a prétendu que le fameux Galilée regardoit l'entreprise comme impossible; mais d'après de meilleurs fondements, on croit que ce fut lui qui donna un moyen à l'artiste pour la faire réussir et lui fournir un équilibre suffisant dans les jambes postérieures du cheval et dans sa croupe ». *Nouveau voyage en Espagne, fait en 1777 et 1778*, t. II, Londres 1783, p. 37. La magnifique statüe fut enlevée du *Retiro* par ordre de Fernando Valenzuela, favori de la reine Maria Anne, et placée au sommet de la façade principale de l'Alcazar (ancien château royal), puis ramenée au *Retiro* sous le gouvernement de D. Juan d'Autriche en 1677 (*Doc. inéd. para la hist. de España*, t. LXVII, p. 103 et 112). Aujourd'hui elle décore la *plaza de Oriente*; voy. Mesonero Romanos, *liv. cit.*, p. 26, note 1.

(1) « La maison du Buen Retiro fut bâtie par le comte-duc d'Olivares : elle est assez grande..... Il y avoit trois ou quatre grandes salles pleines des plus beaux tableaux du Titien et de Raphaël, d'un prix inestimable; mais depuis la mort de Philippe IV, la reine sa femme prit en gré de les convertir en copies et de faire passer en Allemagne tous les originaux, qu'elle vendit quasi pour rien ». *Mémoires du maréchal de Grammont*, seconde partie. Collection Michaud et Poujoulat, t. VII, p. 317. On peut douter de l'exactitude de cette affirmation si catégorique; je remarqueral toutefois que le Musée de Madrid, où ont été centra-

de quelle maniere il est orné aus autres saisons, mais lors que nous y fumez on voyoit plus les tableaus que les murailles, les galleries et les escaliers en etoient plains aussi bien que les chambres et les sales, et je puis vous asseurer, Monsieur, qu'il y en avoit plus la que dans toute la ville de Paris. Au reste rien que de rare, et je n'en fus pas surpris lorsqu'on me dit que la principale qualité du roy deffunt estoit la peinture et qu'il ni avoit point d'homme dans le monde qui s'y connout mieus que luy. Dans un endroit nous vimez toutes les batailles modernes qui se sont données, dans un autre les plus curieuses anti-quitez, icy diverses histoires tant sacrées que profanes, la une infinitée de caprices, ailleurs les plus deshonestes nuditez et partout un choix particulier du genie et du goust de chaque peintre. Je crois, Monsieur, que vous n'attendez pas de moy une meilleure description sur ce suiet. Je me contenteray de vous dire que je fus pendant trois heures un animal admiratif, que l'admiration seule m'animoit en ce temps la et que j'eusse creu facilement avoir esté ravi en extase, si l'on ne m'eust mené d'un apartement en un autre. A peine

lisées presque toutes les richesses picturales des anciennes rési-dences royales, ne conserve que deux tableaux du Titien de la collection du Retiro (N° 457 et 497) et pas un Raphaël : c'est ce qui ressort du moins des indications contenues dans le *Catalogo descriptivo y historico de los cuadros del museo del Prado de Madrid, por D. Pedro de Madrazo*, Madrid, 1872, in-8°.

savois-je repondre à diverses demandes qu'on me faisoit, et on me cria plusieurs fois de fort loin : « Ne voulez vous pas venir »? que je croyois avoir bien du monde à l'entour de moy, disant avec mille gesticulations : « Voyez que cela est naturel! Ne vous semble-t-il pas que celluy la pleure, que cet autre parle, que ceus de ce coin mangent effectivement? Et en verité il ne se peut rien voir de plus beau ». En achevant de faire toutes ces exclamations je m'aperceus deus ou trois fois que j'etois tout seul, et je courus bien viste aprez notre compagnie, qui me faisoit mille reproches de ce que je les obligeois si souvent à m'appeler, et effectivement nous ne vimez qu'en passant plusieurs ouvrages que nous aurions peu un peu mieus considerer, si je n'eusse pas esté si longtemps admiratif en de certains endroits : c'est ce qui fait que je ne vous parle point icy ni des portraits ni des païsages des Indes ni des naufrages ni des fleurs que nous n'avons jamais veïes ni des pieces d'architecture ni de cent autres belles choses que je ne vis qu'en courant.

Nous nous arrestamez quelque temps en la sale des comedies, dont le theatre ne cede point à celluy des Tuileries, ni en beauté ni en machines, et bien que le lieu ne soit pas aussi vaste que le notre, il ne laisse pas d'etre aussi magnifique. Les loges sont toutes treillissées, et depuis le haut jusques en bas on ne voit qu'or et azur. Nous nous arrestamez encore en la sale des balets, qui est

toute entourée d'un grand balcon doré, ni ayant
que le Roy et la Reyne qui puissent prendre leur
place en bas, au dessous d'un magnifique dais
qu'on ne detend jamais. Pour tous les autres seigneurs et dames ils ne regardent que d'en haut,
afin que les acteurs ayent tout l'espace libre et
qu'ils ne souffrent point d'embarras. A propos de
balcon j'en vis un autre incontinent aprez au
dehors, tout à l'entour du carré du chasteau, qui
donnoit sur un parterre, dont le milieu etoit occupé
par une fontaine en forme d'une citadelle des plus
regulieres, ayant ses fossez et ses contrescarpes et
tous ses boulevarts en pointe de diamant. Je voudrois vous pouvoir decrire en suite le cabinet des
figures composées d'une infinité de pierres differentes, toutes plus belles et toutes mieus appli-
quées; les unes servant pour les cheveus, les
autres pour l'incarnation, les autres pour les veste-
mens et les autres pour la colonne qui les soutenoit.
Je vis encore à costé de ce cabinet tous les portraits
des poetes anciens et des autres autheurs plus
fameus dont nou lisons les œuvres, mais d'une
grosseur si prodigieuse qu'elle surpasse l'idée
qu'on nous donne des geants. Leur seule teste
avoit six pieds en carré, et neantmoins avec tant de
proportion qu'on y remarquoit tous les lineamens
avec autant de justesse qu'aus autres ouvrages
qui ne passent (1) point la grandeur naturelle.

(1) Ms. « pensent. »

Je vous parlerois bien icy d'une autre maison que je vis quelques jours aprez, mais je suis obligé de vous faire sçavoir que, malgré moy, Son Excellence me fist sortir de mon cabinet pour monter en chaire le jour des Roys et que cette action reussit si bien qu'il ne peut s'empecher de me donner mille loüanges devant le monde et de m'en entretenir plusieurs fois en particulier. Il en fust d'autant plus surpris qu'il vit que je l'entrepris sans aucune preparation et, qu'outre que je n'interrompis aucunement notre etude, j'eus l'honneur de l'accompagner le matin au palais, aprez quoy nous n'eumez loisir que de disner et de monter en carrosse. L'auditoire etoit rempli de personnes choisies de l'une et de l'autre nation, et l'on y remarqua principalement plusieurs Jesuites, outre les autres religieux. L'applaudissement y fust general et l'on ne parle plus que de se cotiser pour y avoir de la musique pour ce caresme, parcequ'on ne preche jamais icy sans qu'il y ait un concert.

Je vous diray, Monsieur, le compliment que je fis à Son Excellence. Voyci : « Monseigneur, comme je reçois aujourd'hui un honneur extraordinaire de parler devant Votre Excellence, aussi ne veus je pas abuser de votre bonté. Je sçay que mille rares qualitez vous rendent illustre et que si votre naissence est honnorée d'une infinité de herros, si votre doctrine vous a fait admirer autrefois dans la Sorbonne comme un oracle ou vous avez emporté le prix d'une licence, si votre pieté vous a eslevé sur le chandelier de l'eglise dans un des plus anciens archevechez de notre royaume, votre sagesse singuliere et votre grand genie vous ont rendu important non seulement à la France mais à l'Italie (1) et à l'Espagne. Toutefois je n'en puis pas dire davantage. Il est vray que tant de gloire m'entraisne dans un long discours, mais il faut que j'obeisse à votre modestie, qui m'impose silence sur de choses si belles et qui me commende au meme temps de commencer ma matiere. Pour donc obeir, Monseigneur, etc. ». Le landemain un des plus beaus esprits de cette ville, qui a esté secretaire de feu don Luis de Haro (2), m'envoya ce sonnet :

> Predica mas, y de tu fama el buelo
> Resuene en los distinctos oriçontes ;
> Parese la corriente del Orontes
> A la voz de tu nombre con anhelo.
>
> No sienta, no, desbelo tu desbelo.
> No tema el miedo, no, quite remontes (3)
> Ni fabulosos metros Aquerontes
> Ocupen tu cuidado sin recelo.
>
> El sermon de los Reyes predicaste
> Y con la erudicion que en el dixiste

(1) Allusion à l'ambassade de l'archevêque d'Embrun à Venise, en 1659.

(2) D. Luis Mendez de Haro, Sotomayor y Guzman, sixième marquis del Carpio, deuxième comte-duc d'Olivares, premier ministre de Philippe IV, mort le 17 novembre 1661.

(3) Ce vers, non plus que le suivant, ne donne de sens ; Muret les a mal transcrits.

Adquieres, siempre grande, tus loores.

El coraçon de todos te llevaste,
Con cuyo vassallaje á ser veniste
El quarto rey de los predicadores.

Vous voyez, Monsieur, avec quelle liberté je vous dis les petites choses qui me regardent. Comme vous avez tant de bonté pour moy, j'ay creu que la lecture ne vous en seroit pas desagreable. Je suis touiours, Monsieur, tout à vous avec autant de respec que de zelle.

MURET.

VI

De Madrid, ce 9 avril 1657.

Monsieur,

Je ne puis pas laisser passer ces bonnes festes
sans vous les souhaiter les meilleures qu'il m'est
possible et par occasion vous apprendre de quelle
maniere on se prepare icy à cette grande solemnité. Le vice y regne plus qu'en une autre saison,
parceque sous pretexte des processions et des of-
fices on a plus de liberté de courir et de se trouver
en de rendez vous moins suspect, cepandant on ne
laisse pas de faire ses pasques parcequ'on apre-
hende l'inquisition. Ces processions sont composées
de tous les mestiers de la ville et l'on n'en exempte
pas meme les comediens. Il est vray que comme ce
sont de gens plus honnestes que les autres on leur
permet d'y aller avec plus de decence, n'y parois-
sant que superbement vestus. Les autres ont un
habit de penitent noir, fait de trelis (1), dont ils sont
affeublez jusqu'aus pieds et masquez avec un capu-

____

(1) Le *trelis* ou *treillis* était une espèce de grosse toile.

chon pyramidal de deus aulnes de longueur, le portant sur le sommet de la teste, afin qu'il se puisse mieus soutenir. Toutes les compagnies ont leur banniere, leur trompete et leurs *mayordomos*, qui se promenent fort gravement avec le baston de la confrairie au milieu des files pour les tenir mieus en ordre. Toutefois il leur permettent de se rafraichir en tous les cabarets, et quelques uns en prennent si fort et si souvent qu'ils font plus de prosternations qu'ils ne voudroient. Monsieur, il n'i a nulle exageration en ce que je vous dis. Ce qu'il y a de plus beau ce qu'on voit une infinité de flambeaus de cire blanche, chacun en ayant un à la main, et à la fin on voit venir plusieurs theatres portez par plus de cinquante personnes, ou sont representez tous les misteres de la passion. Cette ceremonie dure les trois jours des Tenebres. Au reste elles se chantent icy merveilleusement bien. Je n'ay jamais oüy de si belles voix ni une musique plus harmonieuse. Les leçons de Jeremie en musique ont tout un autre agreement que lorsqu'on n'employe qu'une seule personne. Je voudrois vous pouvoir exprimer le plaisir des oreilles dans cette rencontre, mais le moyen de faire dire à la langue ce chatouillement qu'on ressent et qui cause une espece d'extase, parceque l'ame semble quitter les autres parties du corps pour venir gouster en quelque façon plus entiere cette harmonie qui entre par les oreilles! Les monumens y sont de mille manieres et tous egalement magnifiques. On n'epargne rien pour la depense, et l'architecture et la peinture y sont de plus acomplies. Le S. Sacrement est enfermé dans un petit coffre, dont on donne la clef à quelque personne de qualité, qui l'a porte pendue au col, jusqu'au jour du grand vendredy, et comme c'est un honneur tres considerable, il traite en reconnoissence toute la parroisse, les moynes, ou envoyt un regalle, si c'est des religieuses.

Il faut que je vous dise icy en passant le grand respec qu'on a pour cet auguste mistere : outre le batement de poitrine, qui se fait dans toutes les eglises au moment de la consecration, les louanges que luy donnent tous les predicateurs au commencement de leurs sermons, aussitost qu'on l'entend nommer, tout le monde leve le chapeau et on passeroit pour heretique si on faisoit autrement; mais je ne puis comprendre pourquoy le jour on le porte aus malades sans aucune ceremonie et que l'on fait mille preparatifs la nuit pour l'accompagner avec plus de decence, car le jour, le curé l'ayant pris et envelopé dans un corporail, le cache dans son sein et s'en va sans faire aucune demonstration au lieu ou on l'appelle. La nuit, au contraire, on sonne toutes les cloches, le pretre se met dans une chaire fermée qu'on porte sous un riche dais, quantité d'autres chantent revestus de leurs surplis, tout le monde met de flambeaus à la fenetre, outre ceus qui l'acompagnent, et l'on entend pousser mille soupirs de tous costez, en quoy les Espagnols sont fort feconds.

Mais revenons à la semaine sainte, car j'ay bien remarqué de choses en allant faire mes stations. Je vids d'abort en passant par les rues des Judas qu'on avoit pendus en tous les quartiers, ou, apres avoir esté exposez trois jours durant, furent brulez le samedi avec des execrations epouventables. Aprez, etant entré dans quelques eglises, je trouvay presque partout des hommes revetus de blanc, les epaules nues et toutes sanglantes, et se donnant de si grands coups, qu'outre que la voute en retentissoit, ils faisoient quelquefois eclabousser les goutes sur le visage des assistant (1). En verité, je n'ai jamais eu plus mal au cœur que voyant ces choses. Aprez qu'ils se sont ainsi deschirez, ils s'en vont dans un logis qui est destiné pour cella, ou ils sont fort bien traitez jusqu'à ce qu'ils soyent gueris. J'en rencontray d'autres encore plus soufrans, et je m'asseure que s'ils sont meus d'une veritable penitence, ils meritent beaucoup auprez de Dieu. Ceucy ont un parrain qui marche devant, le chapeau à la main et recitant son chapelet ; pour eus ils sont garrotez par le milieu du corps si etroitement et par tant de tours de la corde qu'elle leur fait comme un pourpoint. Leur teste est couverte d'un coffin (2), vont nuds pieds et portent sur leurs epaules une barre de fer tres pesante, ou

(1) Il s'agit des *diciplinantes,* dont les répugnantes et grotesques pratiques ont été agréablement décrites par Mme d'Aulnoy, *liv. cit.,* p. 301.
(2) Petite corbeille.

leurs bras sont liez comme s'ils etoient en croix. Pour ce qui est de ceus qui se contentent de se mettre en chemise et qui trainent une croix de bois avec une couronne d'epines sur la teste, ils sont si communs qu'on en voit de centaines.

Le samedy je vis une chose qui me parut tres belle et je ne doute point que vous ne soyez de mon sentiment. Au moment qu'on chante le *Gloria in excelsis*, on jette du haut de la voute par de certains petits trous quantité de petites images, toutes parsemées d'*alleluya* avec trois mots d'edification pour porter le monde au changement de vie en l'honneur de la resurection de Notre Seigneur.

Mais en vous parlant de toutes ces choses vous voulez bien que je vous fasse part de trois coustumes, qui me paroissent fort plaisentes et que je n'ay remarqué que dans les eglises, principalement dans la foule que causent ces jours si saints. Comme les hommes se rangent tous d'un costé et qu'ils portent les gardes des epées fort larges en forme de balance avec un petit bec de fer de chaque costé long de plus d'un pied, ils les tirent de leur costé en les tenant droites, ils y apuyent leurs coudes, de sorte qu'etant tous habillez de noir et ces gardes d'un acier fort luysant, vous ne sauriez croire l'effet que cella produit. Leurs tetes nues donnent encore deux autres suiets de divertissement. car ceus qui font les galans rangent leurs cheveus en sorte, qu'au lieu qu'en France on

les separe egalement par le milieu de maniere
que la raye vient aboutir au milieu du front, icy ils
prennent ceste raye en un coin, ce qui le decouvre
trop d'un costé et le cache tout à fait de l'autre.
Or, parcequ'ils devienent facilement chauves,
quand ils sont pelez du costé qu'ils ont si fort
decouvert, ils reprenent un flocon de cheveüs qui
restent pour cacher·cette nudité. Je suis asseuré
que vous riez, mais vous riries bien encore davantage, si je pouvois vous representer cet ajancement
espagnol tel qu'il est.

J'avois oublié à vous dire un mot du lavement
des pieds qui se fait au palais, ou le Roy luy
meme, aprez avoir servi les pauvres de quantité
de fort bonnes viandes et en plus grand nombre
qu'on n'en sert d'ordinaire à sa table, assiste le soir
a cette humble ceremonie qu'il fait faire par M. le
Nonce. Ce jeune prince y a paru avec un bouquet
de plumes blanches et vestu à moitié à la françoise, mais si joli et avec tant de grace qu'il y a
asseurement du plaisir à le voir.

Nous commençons à prendre un peu l'air des
champs et la campagne paroist desia assez riante,
toutefois je l'eusse creüe plus diligente. Elle a souffert un hiver de trois mois entiers aussi facheus
qu'en France et nous avons encore eu ceste semaine
un reste de neige, qui a esté d'autant plus sensible
qu'on s'y attendoit moins. Je ne sçay ce qui en sera
de la suite. Si nous etions aussi superstitieus que
les payens et que nous en creussions aux oyseaus

de mauvais augure, nous abandonnerions ce païs au plus viste de peur de souffrir un esté funeste, car les corbeaux nous l'annoncent tous les jours avec des croacemens, qui se font entendre de tout Madrid. Je pense qu'ils vienent de tous les endroits du monde pour faire icy leur nid; on en void les arbres de la *Casa del canvo* (1) tous chargez, et quelques uns en ont conté jusqu'à quatre cents. Je ne sçay quel goust ils trouvent dans cette demeure, car il me semble qu'il ne manque d'arbres ailleurs, et meme ils vont tous les matins à une forest, qui est esloignée deus lieües de cette ville, pour y manger du gland, mais ils s'en retournent le soir si exactement qu'il n'i en reste pas un seul, de sorte qu'on en voit l'air tout couvert. Imaginez quelle musique c'est d'en entendre une si grande troupe.

Il se fist dernierement icy l'execution d'une miserable femme qui avoit tué son mary, ou assisterent tous les grands d'Espagne comme à un merveilleus spectacle, et les balcons de la Place *mayor* etoient si chargez de monde qu'on n'en a point veu davantage aus combats des taureaus qui se font dans le meme lieu. Elle etoit portée en allant au suplice dans un panier par une douzaine de religieus, qui luy faisoient chacun à leur tour son exhortation particuliere, et persuaderent si bien le peuple qu'elle mouroit comme une sainte qu'il y eust tout le long

(1) Maison royale de plaisance située sur le Manzanares du côté opposé à Madrid et à peu de distance du pont de Ségovie.

du jour une furieuse presse pour luy aller baiser les pieds. Vous voyez, Monsieur, les ragouts de la devotion espagnolle. Pour la corde, elle fut mise en cent mille pieces, qui sont conservées comme de reliques. Le soir elle fust portée à la riviere et ensuite tirée de la pour etre inhumée. On foeta aussi une siene niepce et un cirurgien, qui luy avoient aydé à coudre les playes pour deguiser son crime. La premiere fust aprez enfermée entre quatre murailles pour toute la vie, et l'autre envoyé en galere.

Je n'ay plus qu'à vous dire que nous avons fort bien conservé notre rang dans l'entrée de l'ambassadeur de Venise. Celluy d'Angleterre avoit fait un grand amas de monde, mais quand il apprit que nous etions les plus forts, il se contenta d'envoyer quelques uns de ses officiers dans un carrosse emprunté pour nous voir passer. J'espere que nous le visiterons bien tost, puisque les nouvelles portent que le traité de la paix est fort avancé. Aparenment cette paix fera naitre une autre guerre et nous chassera de ce païs cy. Si cella est et qu'à la fin de l'ambassade je n'aye plus d'employ auprez de Son Excellence, je vous suplie d'avoir l'œil à m'en procurer quelqu'un à Paris. Vous pourriez, Monsieur, travailler à cella dans le temps que nous metrons pour notre retour. Ce n'est pas qu'il ne continue à me temoigner beaucoup de bonté, mais comme il a ses aumosniers. je doute que je ne luy sois pour lors inutile, et comme je vous ay de si grandes obligations, j'espere que vous m'en donnerez de nouvelles marques dans cette rencontre. Vous pouvez croire que je n'oublieray pas mes soins pour m'en procurer, mais j'espere que je vous le devray. Je vous ai toujours reconnu si bon et si affectionné en mon endroit que j'aurois tort d'en douter. Conservez-moi aussi, Monsieur, s'il vous plaist, les bontez de Mademoiselle de Tresmes, que j'honnore le plus qu'il m'est possible et avec un respec qui ne finira qu'avec ma vie. Vous me permettrez aussi de rendre mes devoirs à chacun en particulier et de les persuader tous que je conserve une reconnoissence eternelle des graces que j'en ay receües; cependant comme je vous en ay desia asseuré, je ne laisseray passer aucune commodité, sans vous aprendre tout ce que je remarqueray en Espagne, et vous m'obligerez de temps en temps de m'honnorer d'un petit mot de reponse, car vous ne sçauriez croire combien vos lettres me consolent dans cette espece d'exil. Je les conserve tres soigneusement et je les lis de temps en temps avec une satisfaction merveilleuse. Ne me refusez pas cette satisfaction, autant qu'il se pourra, en attendant que j'aye l'honneur de vous entretenir de vive voix et de vous dire avec autant de respec que de zelle que je suis

> votre tres humble et tres obeissant serviteur.
>
> MURET.

VII

Madrid, ce 20 avril 1667.

Monsieur,

Comme je veus vous faire part autant que je le
pourray de tout ce que je remarque en ce païs cy,
j'adiouteray deus circonstances à l'execution de
cette femme, dont je vous entretins dernierement,
qui sont tres singulieres. La premiere, qu'elle tua
son mari avec un poinçon de ses cheveus, le luy
enfonçant d'une oreille à l'autre par le travers de
la teste. L'autre, que le galant qui l'avoit aydée à
cette action si lache et si noire, s'etant refugié
dans le grand hospital comme en un azile des
plus asseurez et ayant là apris que la Reyne avoit
donné permission de l'y prendre à cause de
l'enormité du crime, aussitost qu'il aperceut d'une
fenetre les algouzils dans la rue, il monta au plus
viste dans un grenier, ou ayant trouvé par hazard
quantité de nates etendues, il se roula dans l'une,
puis, l'ayant dressée contre la muraille, il y de-
mura si immobile, que, bien que les gens de jus-

tice en entrant fissent un bruit capable de faire trembler le plus asseuré, on ne vit jamais ce rouleau remuer. Bien plus, l'un des algouzils ayant tiré son épée et en ayant percé trois fois ce rouleau, qui porterent touiours coup, il ne jetta pas le moindre soupir, ce qui fist que l'algouzil, ne croyant avoir frapé que de joncs, remist aussi froidement son epée qu'il l'avoit tirée, et ne s'en aperceut point que le lendemain, n'ayant pu degainer si facilement qu'à son ordinaire ; et l'ayant tirée toute sanglante avec un autre de ses camarades qui l'aydoit à force de bras, ils coururent sur l'heure au meme hospital, mais ils trouverent qu'il s'etoit echapé en grande diligence une heure aprez qu'il eust esté pensé de ses blessures.

Je crois, Monsieur, que quelque constellation a imprimé depuis peu au sexe de ce païs les dernieres violences. Nous venons d'aprendre deus autres crimes qui ne cedent point au premier. L'un est arrivé depuis quinze jours à Toledo, ou une mere a tué son fils sans le connoitre et s'est en suite pendue de desespoir. Mais afin que vous en puissiez mieus concevoir l'horreur, voyci comme la chose s'est passée. Ce pauvre malheureus, s'en etant allé tout jeune aus Indes et y ayant sejourné assez long temps pour amasser plus de bien, s'en etoit revenu qu'il n'etoit plus reconnoissable. Il fust aussitost decendre chez ses parens qui tenoient hostellerie, et sans sé faire connoitre à sa mere, luy donna à garder cent pistolles, avec liberté de s'en servir s'il en avoit besoin, et promesse de davantage. Une heure aprez etant sorti pour aller voir une femme anciene amie de sa famille et s'etant fait connoitre à elle, cellecy vint le landemain pour se conioüir de cette heureuse arrivée, mais, au lieu d'apporter de la joye, elle fust cause d'un epouventable spectacle. Cette hosteliere avoit tué son hoste pour avoir tout son argent et l'avoit enterré, de sorte que faisant reflexion sur la nouvelle que luy apportoit son amie et l'ayant congediée comme en s'en moquant, elle fut deterrer le corps, le reconnust pour son fils à une marque qu'il avoit derriere l'oreille droite, et toute transportée de fureur contre elle meme s'etrangla dans le même lieu. Voyla pour Tolede.

Celluy de Vailladolid est meslé de funeste et de ridicule. Une femme ayant esté quelque temps *amancebada*, en bon françois en concubinage, avec une personne qui avoit desia depensé presque tout son bien pour son suiet, chercha un nouveau galant qui peut faire la meme depense, et, l'ayant trouvé, voulust le porter à poignarder le premier; mais l'ayant veu plus honneste homme qu'elle ne s'etoit imaginé, executa elle meme ce mechant dessein, puis, le luy ayant decouvert, l'obligea du moins de l'ayder à porter le corps sur le pont pour le jetter dans la riviere. Toutefois, comme en y allant elle lui entendoit faire mille reproches sur son action, craignant qu'il ne l'abandonnast, resolut de se deffaire encore de luy, de sorte qu'etant sur le bord, comme ce pauvre infortuné faisoit des efforts pour jetter le corps en bas du pont, elle prit si bien son temps qu'elle poussa pesle et mesle le vivant et le mort et vint se recoucher avec autant d'asseurence comme si elle n'avoit rien fait. Quelques jours aprez les deus corps ayant esté trouvez sur le bord de l'eau et reconnus, on se saisit de cette mechante, parce qu'on sçavoit qu'ils ne frequentoient autre part que dans sa maison, et sans attendre le tourment, ayant tout decouvert et confessé, elle servit d'exemple sur le gibet.

Jugez, Monsieur, si aprez de choses si tragiques on devroit tant estimer le sexe. Ils en sont icy adorateurs. Je sçay qu'en France on leur rend l'honneur qui leur est deu, mais on ne passe guieres jusqu'aus excez qui sont ordinaires en Espagne. Ils disent tout haut que si Dieu ne leur pardonne ce peché, il n'a qu'à remplir son paradis de paille, qu'ils y renoncent tres volontiers. Vous trouverez ce blaspheme horrible. Toutefois il ne passe pas seulement icy pour blaspheme, ils disent cella comme une autre chose et sans rougir.

Puisque je suis sur cette matiere, que vous me pardonnerez s'il vous plaist, vous ayant promis de ne vous rien cacher, il faut que je vous dise deus coustumes qui sont icy tres estimées et qui fairoient crever le coeur en France aus gens les plus acoutumez aûs ordures. La premiere est sur les maus qui arrivent aus femmes tous les mois. Je vous asseure, Monsieur, que je ne sçavois en France ce que c'etoit, et il ne s'en faut pas estonner, car outre ma profession qui m'esloigne entierement de ces sortes de connoissences, je crois qu'on est bien aize de cacher ces sortes d'infirmitez; cependant c'est icy un. jour de resioüissence, ils appellent cela *tener su achaque* (1), et c'est la meilleur fortune que puissent avoir les *duegnas* des maisons considerables ou il y a de jeunes filles. Aussitost qu'elles voyent aprocher leur douzieme année, il ne se passe pas un jour qu'elles ne prennent la liberté d'aller voir leurs draps et leur chemise, et quand elles y remarquent la moindre petite goute de sang, elles le portent au pere et à la mere, qui en font grand festin et recompensent la *duegna* comme de la meilleure nouvelle qu'ils sçauroient recevoir, parce qu'elle donne par là esperence d'avoir des enfans et de peupler le monde : je voulois dire le monde espagnol, qui, selon leur imagination, fait une espece à part, ni ayant point de nation qui n'ayt esté faite pour les servir. Ma parantheze est trop longue, je vous dirai pour la rompre qu'un parent d'une *duegna* du palais, qui servoit notre Reyne de France (2), lorsqu'elle n'etoit encore qu'infante, m'a dit

(1) Littéralement : « avoir son affaire ».
(2) Marie-Thérèse.

qu'elle eut dix mille ecus pour avoir porté une pareille nouvelle au Roy deffunt. Ce n'est pas tout. L'autre coustume qui me reste à vous dire n'excite pas moins le soulevement du coeur : prenez un peu de conserve pour le fortifier, avant que je commence. Il n'est point de jeune fille qui se fasse seigner qui n'en avertisse son galent, lequel attend avec impatience cette operation comme la chose la plus avantageuse qui luy pourroit arriver, et non seulement il achette du cirurgien la bande, qu'il porte liée à son bras jusqu'à ce qu'il ayt consommé son mariage ou satisfait sa phantaisie, mais baise cent mille fois quelque linge trempé dans le sang, qui est toujours du marché, et, outre l'argent qu'il donne au cirurgien, envoyt un grand regale à sa maitresse, ou il luy dit dans un poulet qui l'accompagne tout ce que vous pouvez vous imaginer.

Je n'en puis plus, Monsieur. Croyez que je ne souffre pas moins en ecrivant ces choses que vous en les lisant, mais, puisque vous desirez etre sçavant de toutes les coutumes d'Espagne, les obligations que je vous ay ne me dispensent de quoy que ce soit et font exprimer à ma plume de choses que je n'ozerois dire de vive voix. Toutefois ma retenue ne passeroit pas seulement pour un scrupule icy, mais pour une betize; or, encore une fois, generalement tout le monde en fait gloire et les religieuses meme s'en entretienent aus grilles comme de la chose du monde la plus indifferente.

Ell.s ecoutent ces *achaques* et ces seignées comme les autres affaires de leur famille.

Mais c'est assez vous avoir parlé d'une matiere si degoutente.

Je ne dois pas vous celer les bonnes coutumes en vous entretenant des mauvaises. J'en ai veu une (1) le dimanche de *Quasimodo* qu'on ne sçaurait assez loüer. On fait icy une procession du S. Sacrement en faveur de tous les malades qui n'ont pas peu faire leurs pasques, et on le porte en grande ceremonie dans toutes les maisons ou il y en a, de sorte qu'au lieu des reposoirs que l'on dresse le jour de la Feste-Dieu, dans cette rencontre-cy on entre tantost dans une maison et tantost dans une autre : pour la pompe et la foule elle est la meme dans toutes les deus solemnitez. Toutes les rues sont tapissées, les pretres se revestent de leurs plus precieuses chapes. L'on sonne toutes les cloches, on parseme tout le chemin de fleurs et on entend à tous momens la decharge de la mousqueterie avec je ne sçay combien d'autres feus d'artifice. Toutefois il ne font jamais si bien qu'ils n'y meslent un peu de mal. Cette procession si pieuse est deshonnorée par de certains baladins qui vont gambadant au devant au son des instrumens, et bien qu'ils disent qu'ils imitent en cella David, lors-

(1) Mme d'Aulnoy parle également de cette coutume, *liv. cit.*, p. 311.

qu'il dansoit devant l'arche, vous m'avouerez qu'il n'i a pas grande aparence que le meme zelle les anime, et pourroit fort bien se dispenser de cette pieté baladine.

Ils ont icy une autre coutume sur le suiet de Pasques, qui me paroit un peu forcée et qui me fait souvenir du temps que j'etois ecolier, les regens nous obligeant à donner un billet à notre confesseur pour etre mieus asseurez de notre pieté, si tant est qu'on doive appeller pieté une action forcée, car il me semble qu'on la doibt plutost appeller un pur sacrilege à cause de mauvaises dispositions qu'on y apporte ordinairement. Or ils en usent icy de meme envers toute sorte de personnes. Un pretre de la paroisse va de maison en maison et s'informe de temps en temps de toutes les personnes qui y demurent, et parce
qu'au temps de Pasques on donne à toutes les personnes qui comunient un petit billet imprimé, le meme pretre les va recueillir en suite, et s'il ne trouvoit pas son nombre, celluy qui s'en trouveroit depourveu pourroit prendre tout droit le chemin de l'Inquisition. Cella fait qu'on n'a garde d'y manquer, mais aussi Dieu sçait avec quelles dispositions, la pluspart etant dans de mauvais commerces et plusieurs autres Juifs ou Mores cachez. En verité la seule narration de ces Pasques ne fait-elle pas herisser les cheveus tout à bon? Le christianisme n'est icy qu'en figure et la corruption est si generalle qu'on ne sçait plus ne quelles personnes le chercher. Nous avons cette consolation en France que parmi les mechants il s'en trouve beaucoup de bons, et du moins, si le vice regne dans la multitude, il y a quantité de saintes comuneautez qui vivent avec la pureté des anges et conformement aus maximes de l'Evangile; mais icy il n'i a que l'habit de different : la vie est commune et la meme dans toutes les professions. Les religions les plus austeres n'ont garde de se priver seulement de viande le caresme, et les Minimes, lesquels en France n'en mangent pas meme dans leurs plus grandes maladies, icy avec un simple cautere ils obtienent ce privilege. Voyez la raison que m'en a donnée un professeur de Salamanque et religieus. « Ou le Pape, dit-il, par la bulle de la croisade qu'il nous continue tous les ans, moyenant certaine somme, a pouvoir de nous donner ce privilege, ou non : de dire qu'il ne l'a pas c'est etre heretique, par consequent brulable par le feu de l'Inquisition ; que s'il l'a, nous pouvons en manger en toute seureté de conscience ». On est soigneus dans toutes les familles d'acheter plusieurs exemplaires de cette bulle, et Monsieur notre aumosnier voulust m'en donner une, mais je luy conseillay d'en faire quelque envelope, luy disant qu'elle estoit plus propre à cet usage qu'à mettre la conscience en repos.

Je ne veus pas vous en dire davantage : peut etre qu'une autre fois j'auray de choses plus

agreables à vous envoyer; en attendant conservez
moy les bontez que vous m'avez si souvent pro-
mises et celles de toute votre illustre famille. J'y
comprens Mademoiselle de Tremes, dont je suis le
tres humble serviteur aussi bien que le votre. Ne
laissez pas de m'honorer quelquefois de vos nouvelles; trois mots ne vous cousteront pas beaucoup.

MURET.